反弹吧！
手打牛肉丸

常迎春——

著

北京联合出版公司
Beijing United Publishing Co.,Ltd.

图书在版编目（CIP）数据

反弹吧！手打牛肉丸 / 常迎春著. -- 北京 ： 北京
联合出版公司，2025. 10. -- ISBN 978-7-5596-8747-0

Ⅰ. I267

中国国家版本馆CIP数据核字第2025MR5395号

反弹吧！手打牛肉丸

作　　者：常迎春
出　品　人：赵红仕
责任编辑：周　杨
书籍装帧：吉冈雄太郎

北京联合出版公司出版
（北京市西城区德外大街 83 号楼 9 层　100088）
北京时代华语国际传媒股份有限公司发行
北京盛通印刷股份有限公司印刷　新华书店经销
字数110千字　787毫米×1092毫米　1/32　8印张
2025年10月第1版　2025年10月第1次印刷
ISBN 978-7-5596-8747-0
定价：52.00元

目录

第一章 • 当生活的第一记闷棍落下，才懂与重蹈多少
去筋

第二章 ● 没有人会一直被捶，除非你很能作 捶打

第三章

调味

温暖与回甘

口舌美味的必要配方

第四章 · 生活将我千锤百炼，于是我活成了钢筋混凝土

定形

第五章

烹煮

能够会合鲜香四溢，掌握火候用好火，手把用好

长
筋

第一章 ● 当生活的第一记闷棍落下，少年的幽默与重啪啪

白居易：当白月光之恋被现实牵制，爱的誓言里盛满

虽然和湘灵因不得已而分手，但白居易并没有在心中放下这段恋情。相反，他对湘灵的牵挂与怀念持续了一生。

"汉皇重色思倾国，御宇多年求不得。杨家有女初长成，养在深闺人未识。天生丽质难自弃，一朝选在君王侧。

回眸一笑百媚生，六宫粉黛无颜色。"白居易的《长恨歌》，我们都不陌生——天宝年间，唐玄宗李隆基宠信杨贵妃及其家人，荒废朝政，最终酿成安史之乱。而在战争逃亡的路上，唐玄宗为了平息将士的怒火，忍痛赐死杨贵妃。《长恨歌》就是在这段历史的基础上，加以丰富的想象，创作出来的。

《长恨歌》旖旎多姿，这使它在文学史上享有崇高的地位。《长恨歌》对李、杨爱情悲剧的同情，也让它格外凄婉动人。不过，很多人可能不知道，这首诗不仅书写了一段传奇历史，其中还有白居易初恋的影子。

美好初恋

白居易生活在内乱频仍的中唐，少年时，因父亲白季庚在徐州做官，同时也为了躲避战乱，一家人从河南新郑搬到离徐州不远的符离县（今属安徽省宿州市）。符离很快也遭遇战火，白居易又辗转漂泊到江南，在那里生活多年，直到 20 岁即将参加科举考试时，才回到符离。

白居易和当地的几个学子结成好友积极备考，而就在他为考试努力做准备时，一段美好的爱情悄然萌生。白居易的隔壁住着一位名叫湘灵的姑娘。湘灵聪明灵秀、绰约动人，白居易第一次见到她，就生出爱慕之心。而湘灵对才华横溢的白居易，也同样心生好感，于是两人悄悄谈起了恋爱。

白居易认识湘灵时，湘灵只有 15 岁，在白居易心中，她是一个天仙般美丽娇憨的少女。白居易曾写过一首《邻女》诗，赞美她的可爱："婷婷十五胜天仙，白日姮娥旱地莲。何处闲教鹦鹉语，碧纱窗下绣床前。"

白居易还写过一首著名的《花非花》："花非花，雾非雾。夜半来，天明去。来如春梦几多时，去似朝云无觅处。"这首诗如烟如雾，婉转朦胧，很多人不明白它写的到底是什么。不过，可以肯定的一点是，它与爱情有关，很有可能描写的是初恋的心情和感受。

有明确的目标为之奋斗，同时有甜蜜的爱情滋养身心，白居易在符离的生活过得充实而满足，在科举考试的考场上也屡有收获。数年间，他顺利通过了县试和州试，取得"乡贡"的资格，接着就可以到京城长安参加礼部举行的进士考试了。贞元十六年（800年）春，白居易29岁，在进士考试中一鸣惊人，以第四名的好成绩登第。

金榜题名对白居易来说当然是喜事，然而对于湘灵来说，却是个悲伤的消息。因为在白居易和湘灵之间，横亘着一道难以跨越的鸿沟。白居易出身书香门第、官宦人家，考中进士后前途不可限量，而湘灵却只是个普通的农家女子，这在古代是很难通婚的。更何况，封建礼法规定："取妻如何？匪媒不得。"不经媒妁之言撮合的自由恋爱，在古代是违背礼法的，更加不可能走向婚姻。因此，尽管白居易和湘灵彼此深爱，却几乎没有结婚的可能。

劳燕分飞

在白居易和湘灵厮守的最后一年，他们的内心交织着甜蜜与苦涩。白居易既感受到眼前生活的美满，又清楚这样的美满不可长久。他写过一首《花下自劝酒》，抒发矛盾、惆怅的心情："酒盏酌来须满满，花枝看即落纷纷。莫言三十是年少，百岁三分已一分。"这种人生苦短、及时行乐的心态，便是他和湘灵无言的约定。

贞元十八年（802年）秋，白居易不得不告别湘灵，去长安准备参加吏部的选拔考试。因为知道与恋人没有在一起的可能，白居易满心酸楚，写下一首《生离别》，留赠湘灵：

> 食檗不易食梅难，檗能苦兮梅能酸。
> 未如生别之为难，苦在心兮酸在肝。
> 晨鸡再鸣残月没，征马连嘶行人出。
> 回看骨肉哭一声，梅酸檗苦甘如蜜。
> 黄河水白黄云秋，行人河边相对愁。
> 天寒野旷何处宿，棠梨叶战风飕飕。
> 生离别，生离别，忧从中来无断绝。
> 忧极心劳血气衰，未年三十生白发。

白居易没有在诗里透露湘灵的反应，但可想而知，湘灵的痛苦不会比他少。而等到白居易在京城考中书判拔萃科授官后，他和湘灵的恋情就不得不彻底终结了。白居易要举家搬迁至长安，为仕途奋斗，而湘灵却不可能随他一同前往。在告别的时刻，两人泪如雨下，都知道此生再无相守的希望。因为这是一段不为人知的秘密恋情，因此，分手也分得悄无声息、隐忍压抑，这从白居易写给湘灵的分手诗《潜别离》可以看出：

> 不得哭，潜别离。
> 不得语，暗相思。
> 两心之外无人知。
> 深笼夜锁独栖鸟，利剑春断连理枝。
> 河水虽浊有清日，乌头虽黑有白时。
> 唯有潜离与暗别，彼此甘心无后期。

终生遗憾

虽然和湘灵因不得已而分手，但白居易并没有在心中放下这段恋情。相反，他对湘灵的牵挂与怀念持续了一生。

和湘灵分手这年的冬至，白居易出差到邯郸，夜宿驿馆，独对孤灯，想起湘灵美丽的面容，内心生起无限哀伤，于是写下一首《冬至夜怀湘灵》倾吐心绪："艳质无由见，寒衾不可亲。何堪最长夜，俱作独眠人。"

因为初恋过于刻骨铭心，白居易拖到很晚才结婚。白居易结婚时已经 37 岁，有第一个女儿时已经 39 岁，这在现代也算晚婚晚育，更不要说古人结婚早，十来岁就可成婚。白居易的妻子杨氏出身名门，是一位大家闺秀，白居易和她举案齐眉，相处还算融洽。然而，对自己的妻子，白居易却鲜少流露浪漫情怀，更不用说高调示爱。

但对湘灵，白居易却一直缠绵不忘，即便结婚后，也毫不避嫌地写诗表达情感。白居易有一首《夜雨》诗："我有所念人，隔在远远乡。我有所感事，结在深深肠。乡远去不得，无日不瞻望。肠深解不得，无夕不思量。况此残灯夜，独宿在空堂……"在这首诗里，他"所念""所感"之人，正是湘灵。

白居易与湘灵分手时，湘灵曾赠他一面铜镜。白居易将铜镜珍藏匣中，偶尔看到，便伤感不已："美人与我别，留镜在匣中。自从花颜去，秋水无芙蓉。经年不开匣，红埃覆青铜。今朝一拂拭，自照憔悴容。照罢重惆怅，背有双盘龙。"

元和十年（815 年），白居易 44 岁，已到中年。这年，他遭遇了人生中最大的挫折——被贬江州。贬谪的路上，他偶遇湘灵。湘灵此时也人到中年，容颜憔悴，却因为内心可能对白居易仍有眷恋，还孤身一人。人生的失意加深了初恋的遗憾，白居易的心头涌起万千感慨，最后化为一首惆怅的小诗："我梳白发添新恨，君扫青蛾减旧容。应被傍人怪惆怅，少年离别老相逢。"

46岁时，白居易仍在江州过着落寞的生活。有一天收拾东西时，他看到一双鞋，这双鞋正是当年湘灵亲手所做赠他的礼物。白居易睹物思人，再次在诗里写道："自吾谪江郡，漂荡三千里。为感长情人，提携同到此。今朝一惆怅，反覆看未已。人只履犹双，何曾得相似。"

长恨悲歌

白居易的《长恨歌》作于元和元年（806年），此时白居易35岁，已和湘灵分手两年。这年冬天，他与朋友陈鸿、王质夫到仙游寺游玩，偶然谈起唐玄宗与杨贵妃的爱情悲剧，大家都很感慨。王质夫认为，像这样的故事，如果没有才华出众的诗人写下来，慢慢就会被大家遗忘。王质夫因此劝白居易说："乐天你长于写诗，又多愁善感，由你作首诗歌怎么样？"白居易答应了。

很快，白居易便将《长恨歌》写了出来。这首诗创作的初衷，本是要警告世人，不要贪恋女色，以致误国。然而，在创作的过程中，白居易不由自主地将个人的情感倾注其中，以至于此诗大量的篇幅都在渲染唐玄宗失去杨贵妃后，对她的哀悼、思念。

这首诗末尾的几联是家喻户晓的名句——"七月七日长生殿，夜半无人私语时。在天愿作比翼鸟，在地愿为连理枝。天长地久有时尽，此恨绵绵无绝期。"这几句诗让人很容易联想起《潜别离》里的句子——"深笼夜锁独栖鸟，利剑春断连理枝。"由此可以看出，《长恨歌》中，唐玄宗和杨贵妃的爱情悲剧里有白居易和湘灵的影子。白居易之所以能把《长恨歌》写得这样动人，正是因为他把自己和湘灵爱而不得的遗憾、痛苦，通过李、杨的故事淋漓尽致地表达了出来。

平心而论，白居易的初恋悲剧，既是时代造成的，又是个人选择的结果。尽管古代社会门第森严、礼法苛刻，但白居易如果不去迎合落后的门第观念，如果能勇敢一点，无视封建礼法的束缚，他和湘灵之间的鸿沟并非不可逾越。只是很可惜，白居易并没有这种超越时代的思想，更没有这种反抗世俗的勇气。因此，他和湘灵的爱情只能以悲剧收场，只能在"天长地久有时尽，此恨绵绵无绝期"的哀叹中，变成彼此生命中深深的痛。

卓文君私会司马相如时，确实怀着满腔热情，然而，当他们来到成都司马相如家，卓文君美好的梦想一下子就落空了。

卓文君：满怀期待奔赴爱情，未料到的是委屈和落寞

一见钟情、两情相悦、自由结合、皆大欢喜，或始乱终弃……古代的爱情传奇似乎都有一个固定的套路，从唐代

元稹的《莺莺传》到元代王实甫的《西厢记》，再到明代汤显祖的《牡丹亭》，大都遵循这样一个"模板"。而最早创建这个"模板"的人是谁呢？也许应该算是西汉的卓文君与司马相如。他们的爱情是如此传奇，以至于后世流传的才子佳人的故事，无不受此影响。

造势

在司马迁的《史记》中，卓文君和司马相如相爱、

结婚的过程，十分不同寻常：成都人司马相如，小名"犬子"，字长卿，自幼喜欢读书，因仰慕战国时期的政治家、外交家蔺相如，改名司马相如。司马相如家原来很富裕，家财足以给他在汉景帝朝谋个一官半职，然而，他干了一段时间，发现自己并不喜欢做官，而是喜欢跟那些有文才、有口才的人结交，于是就把官职辞了，到梁国游历，并创作了《子虚赋》一文。

在梁国待了一段时间后，司马相如投靠的梁孝王去世了，他不得不离开梁国回到故乡成都。然而此时，他已家道中落，家里一贫如洗，连基本的生活都维持不了。无奈之下，司马相如只好离开成都，来到临邛（今四川邛崃）投奔朋友——临邛县令王吉。

临邛县富人很多，其中最富有的一位是卓王孙。卓王孙有个女儿名叫卓文君，只有 17 岁，丈夫死后，住在娘家。卓文君精通音律，擅长弹琴，是一位才貌双全的女子。而司马相如和卓文君的相识，便相当具有戏剧性，甚至可以说，卓文君爱上司马相如，是司马相如精心"策划"的结果。

也许，司马相如到临邛来的首要目的便是"脱贫"，那么他盯上临邛首富卓王孙的女儿便不足为奇。司马相如吸引卓文君的第一步，就是打响名头。首先，他和临邛县令王吉合谋演了一场好戏——当时，司马相如住在临邛县的一个小亭子里，王吉故意装出一副毕恭毕敬的样子，天天到小亭子里拜访司马相如。最初，司马相如还有礼地接待他，后来，就干脆故意拒绝王吉的拜访，但王吉却表现得更加谦恭。

让县令都这么恭敬的人会是什么了不起的大人物呢？果然，这件事在当地轰动一时，成功引起了临邛富翁卓王孙和程郑的注意，二人因此商量说："县令有这样尊贵的客人，不如我们办场酒席请请他，把县令也一同请来。"于是，二人就去邀请县令王吉。王吉二话没说就前来赴宴，到卓家时，已经有上百名客人等候于此了。到了中午，他们又去邀请司马相如，但司马相如却推托自己生病了，不肯前来赴宴。于是，王吉继续"表演"，说司马相如没来，自己不敢进食，还亲自到司马相如住的地方去迎接他。到这时，司马相如才装出一副很为难的样子，勉强赴宴。

司马相如和王吉的一唱一和摆足了谱，让他显得既尊贵又神秘，旁观者都觉得他风度非凡。于是，连人情练达的卓文孙都被他们"忽悠"住了，把司马相如奉为座上宾。

私奔

司马相如在酒席间的表现，证明了他果然是有备而来。酒宴进行到一半，大家都喝得眼花耳热，气氛十分热烈。这时，王吉提议大家来表演才艺，以佐酒助兴。谁先来展示呢？王吉抱着一把琴，走到了司马相如面前，说："我听说长卿特别喜欢弹琴，今天不妨请您给大家演奏一曲，让大家高兴一下。"司马相如先谦虚推辞了一番，后来"勉为其难"，弹奏了两支曲子，就是这两支曲子，诱发了卓文君对司马相如的爱慕之心。

《史记》里面没有讲司马相如弹的这把琴叫什么名字，演奏的曲子又是什么，但据后世文献记载，他演奏的这把琴很名贵，有个好听的名字叫"绿绮"，而他引诱卓文君所弹的两首曲子，叫《凤求凰》，其辞曰：

> 有一美人兮，见之不忘。
> 一日不见兮，思之如狂。
> 凤飞翱翔兮，四海求凰。
> 无奈佳人兮，不在东墙。
> 将琴代语兮，聊写衷肠。

何日见许兮，慰我彷徨。
愿言配德兮，携手相将。
不得於飞兮，使我沦亡。

·············

　　在社交场合公然弹奏这么有暗示性的曲子，司马相如的醉翁之意显而易见。但司马相如这招明显对卓文君奏了效。在司马相如到来之前，卓文君应该也因为他的"造势"而对他产生了好奇，想看看这个人到底怎么样。因此，她躲在屋子的门后面，透过门缝一直在偷偷观察这个人。司马相如的出场很漂亮，他仪表堂堂，气质文雅，来时车马仪仗都很气派，看上去十分阔绰。卓文君一看外表，就对司马相如印象深刻。而接下来，司马相如又在宴会上演奏《凤求凰》，这对雅好文艺的卓文君来说，更是"投其所好"。于是，卓文君一下子就爱上了司马相如。

　　在当时，男女之间不能私下来往，虽然卓文君已经心系司马相如，但这种心思只有自己知道，不知道如何传达给司马相如。正在这时，司马相如迈出了关键性的一步。他托人以重金贿赂了卓文君身边的侍女，请侍女代为传达自己对卓文君的倾慕之情。郎有情，女有意，卓文君再也坐不住了，连夜逃出家门，决定和司马相如私奔。二人会面后，急急忙忙离开临邛，回到了司马相如的故乡成都。

如愿

卓文君私会司马相如时，确实怀着满腔热情，然而，当他们来到成都司马相如家，卓文君美好的梦想一下子就落空了。原来，司马相如家非常穷，穷到家徒四壁，这让从小娇生惯养的富贵小姐卓文君大吃一惊。而卓文君的父亲知道宝贝女儿随一个穷小子私奔了，也非常生气，大怒道："这个女儿太不成材了，我虽然不会伤害她，但一分钱也不会给她！"

就这样，娇小姐卓文君在成都过起了无米下炊的家庭主妇生活。这样的生活持续了一段时间，卓文君越来越不快乐，终于，她再也受不了这样的贫穷，于是对司马相如说："要不我们还回临邛吧，父亲固然不会给我们钱，但我还有兄弟姐妹，问他们多少借点，生活也比现在强。"这个提议正中司马相如下怀，他毫不犹豫地就答应了。两人回到临邛，司马相如把自己仅剩的车马全部卖掉，买下一家酒店，做起了买卖。司马相如穿着穷人常穿的犊鼻裈，和伙计一起忙活，而卓文君就站在酒店的台子前当垆卖酒。

这个消息传到了卓王孙耳朵里，卓王孙感觉很丢脸，气得闭门不出。于是，卓文君的兄弟、叔伯们就劝卓王孙说："你就一个儿子两个女儿，家里又不缺钱。现在卓文君成了司马相如的妻子，已经是板上钉钉的事了，不如接受现实。再说，司马相如虽然穷，但他确实一表人才，值得托付，况且他还是县令的贵客，我们何必小瞧他呢？"卓王孙想想也有道理，而且他也确实宠爱这个女儿，不忍心看她过得太苦，于是无奈地给她一大笔钱，还给她准备了正式出嫁的衣服被褥、车马财物。文君和相如回到成都，从此过上了富裕的生活。

如此过了一段时间，司马相如迎来了人生的转机。有一天，汉武帝读到《子虚赋》，非常喜欢，以为是古人所作，因此就对身边的狗监杨得意感慨说："我怎么没有跟这篇文章的作者生在一个时代呢！"杨得意是蜀郡人，和司马相如是同乡，听闻此言，立刻回答说："陛下，这篇文章的作者正是我朝之人，还是我的同乡，叫司马相如。"武帝听了大喜，立马召见司马相如，对他十分欣赏。司马相如抓住机会，接着《子虚赋》的恢宏气势，洋洋洒洒写下一篇《上林赋》，大赞天子游猎的盛事，皇帝读后龙颜大悦，从此对司马相如恩宠有加。司马相如一步登天，飞黄腾达。卓王孙由此也彻底转变了对司马相如的态度，后悔没有早点把女儿嫁给他。卓王孙现在不仅愿意给女儿、女婿财产，还提高了标准，给他们的财产和给儿子的一样多。

背叛

故事到了这里，可谓皆大欢喜，好像童话里说的："公主和王子从此过上了幸福的生活。"在《史记》中，卓文君和司马相如的爱情故事，也是在这样的圆满结局中谢幕的。不过，在笔记小说及后来的诗歌、传说中，卓文君和司马相如的爱情并没有如此美满。

卓文君和司马相如结婚后，应该也有过一段甜蜜的时光，但随着司马相如慢慢发达，卓文君年老色衰，司马相如渐渐有了移情别恋的心思。他久居京城，看上了茂陵一个年轻貌美的姑娘，打算把她纳为小妾。司马相如对爱情的背叛，深深伤害了卓文君。汉乐府里有一首著名的诗歌《白头吟》，据说就是卓文君所作。她写这首诗，就是亮明了决心，要同负心的司马相如分手。

皑如山上雪，皎若云间月。
闻君有两意，故来相决绝。

今日斗酒会，明旦沟水头。
蹀躞御沟上，沟水东西流。
凄凄复凄凄，嫁娶不须啼。
愿得一心人，白头不相离。
竹竿何袅袅，鱼尾何簁簁。
男儿重意气，何用钱刀为！

　　这首诗感情非常激烈，态度也非常鲜明，对司马相如一旦富贵便抛弃旧爱的行为，进行了谴责，但话语间又有期盼他回心转意的深厚情意。果然，司马相如也并非无情之人，他读完卓文君这首诗后，回想起和妻子经历的人生种种，心有悔恨，于是放弃了纳妾的打算。

　　卓文君以自己的智慧、果敢，打赢了这场"婚姻保卫战"。而她的过人之处，并不止于在婚姻里笑到了最后，还在于她在爱情、婚姻里表现出的热情、勇敢、率真的品质。她热爱自由，尊重自己的内心，无视社会规训，大胆追求、捍卫爱情和幸福，这种勇气在保守的古代社会，在被礼教重重束缚的女性中，是非常稀有的。当然，在爱情的价值受到质疑的现代社会，卓文君这种言行难免会被贴上"恋爱脑"的标签。不过，追求幸福、渴望自由，是人的天性，是人不死的欲望，卓文君的大胆、浪漫，在任何时代，都有美好的意义。

因此，后世之人在构思才子佳人的爱情故事时，无不参考卓文君和司马相如的传奇。只是，后世的故事，美则美矣，但多少都缺点野蛮生长的原始生命力。它们无论是幸福收场，还是两相离弃，都文质彬彬，不如卓文君与司马相如的故事酣畅淋漓。毕竟，卓文君和司马相如的爱情故事可是真实的历史——生活本来就比戏剧更精彩！

李清照：真心难换人长久，赌书泼茶已成过往

在《金石录后序》中书写这段往事时，李清照备感沉痛。这是真正的国破家亡，国家倾覆了，小家没有了，她和赵明诚也从相知相爱，走到了曲终人散。

李清照是中国历史上著名的才女。自古以来，不仅她的才华引人注目，她与赵明诚的爱情、婚姻也同样被人津津乐道。

人们关注她的八卦，既是出于对这位才女生活的好奇，也是因为她的人生经历和情感纠葛非同寻常，有独特的个性和意义。

幸福新婚

李清照出身于书香门第。她的父亲李格非是位才

华横溢的官员，曾投身于文坛巨匠苏轼门下，是"苏门后四学士"之一。她的母亲王氏出身名门，文学造诣深厚，也是不同流俗的女子。李清照从小浸染于诗书之中，很早就表现出过人的才华。她文章写得极漂亮，诗词更是非同凡响，甚至得到"苏门四学士"之一的晁补之的盛赞。此外，她还精通书法、绘画，是一位文艺全才。

18岁（一说19岁）时，李清照与赵明诚在京城结为夫妻。赵家也是书香门第，赵明诚的父亲名叫赵挺之，当时在朝中担任要职，后来一度做到宰相的高位。赵明诚也是一位饱学之士，尤其喜爱收藏钟鼎碑碣等金石文物，在他的影响下，李清照也慢慢成为金石爱好者，二人琴瑟和鸣，感情十分美满。

李清照在自传体散文《金石录后序》中描写过她与赵明诚新婚宴尔的生活。当时，赵明诚刚刚21岁，还是一名太学生。赵、李两家虽然都在朝中任职，但家里并不算很富有，因此，李清照和赵明诚的新婚生活也比较清贫朴素。那时，每到初一、十五太学放假的日子，夫妻二人会找一件相对值钱的衣服当掉，换几百文钱，然后手拉着手走进相国寺，买些碑帖、水果回家。二人相对而坐，一边吃水果，一边玩赏碑文，感觉人生是如此俭朴惬意。

这一时期，李清照与赵明诚沉浸在爱情的甜蜜中。李清照曾填过一首《减字木兰花》，表达新婚的幸福感受——

卖花担上，买得一枝春欲放。泪染轻匀，犹带彤霞晓露痕。

怕郎猜道，奴面不如花面好。云鬓斜簪，徒要教郎比并看。

这是一首活泼动人的闺房词。美丽的少妇拉着丈夫，让他比较自己和买来的鲜花哪个更美，从这一娇憨的情态可以想见，李清照对自己的容貌充满了自信，对丈夫赵明诚的赞美充满了期待，对爱情和婚姻由衷地感到愉悦和满足。

赌书泼茶

然而，晴朗的天空不时也会飘来一点阴云，这阴云来自时代风潮。在北宋后期的政治格局中，新党与旧党激烈相争，水火不容。李清照的父亲李格非是苏门弟子，属于旧党；而她的公公赵挺之却属于新党。宋徽宗崇宁元年（1102 年），新党得势，准备大肆驱逐旧党成员，李格非也被列入打击的范围。为了营救自己的父亲，李清照向公公赵挺之苦苦哀求，希望赵挺之能伸出援手。然而，赵挺之却出于党派利益袖手旁观，最终没有帮助李格非。对此，李清照非常不满，写诗讽刺公公不近人情："炙手可热心可寒，何况人间父子情！"

不过，这场政治斗争却没有影响李清照和赵明诚的感情。五年后，随着公公赵挺之的退休、去世，李清照和赵明诚告别了京城的纷扰，来到青州闭门隐居。这几年对李清照来说，也是十分幸福的时光。还是在《金石录后序》中，李清照回忆这一时期的婚姻生活，字里行间洋溢着快乐。

那时，赵明诚收入尚可，一家人衣食有余。而赵明诚因为酷爱金石，将俸禄几乎全部拿来购置书籍和金石碑帖。每当买到一本好书，两人就一同刊校，整理题签。买到书画彝鼎，两人就一同把玩，点评挑刺，直到深夜蜡烛燃尽。就这样，两人日积月累，收藏了不少古董文物。

李清照博闻强记。她倾慕东晋隐逸诗人陶渊明，她的号——"易安居士"便取自陶渊明的《归去来兮辞》，而她家的堂屋——"归来堂"之名也出自此文。

当时，她和赵明诚最快乐的享受就是每天吃完饭后，坐在家中的归来堂上，烹盏清茶，指着堆积如山的书卷，互相考对方某个典故出自哪本书、哪一卷、第几页、第几行，谁说对了，谁先饮茶。这个游戏太好玩了，以至于说对的人往往举杯大笑，一不小心就把茶洒在怀中，反而喝不到嘴里。多年后，李清照回味这个场景，依然留恋不已，感慨道："甘心老是乡矣。"

"词女之夫"

李清照有诗才，赵明诚有学问，在世人眼里，这样的夫妻无疑是神仙眷侣。李清照写过一首著名的《醉花阴》：

薄雾浓云愁永昼，瑞脑销金兽。佳节又重阳，玉枕纱厨，半夜凉初透。

东篱把酒黄昏后，有暗香盈袖。莫道不销魂，帘卷西风，人比黄花瘦。

关于这首词，有一则趣闻：婚后不久，李清照和赵明诚曾有过短暂的分离。这年重阳佳节，李清照思念赵明诚，填下这阕《醉花阴》，寄给丈夫。赵明诚读罢此词，叹赏不已，自愧不如的同时，却又有点不服气，于是闭门谢客，废寝忘食地写了三天三夜，也填了五十首词。之后，赵明诚把李清照的词和自己的词混杂在一起，拿给朋友陆德夫品评。陆德夫认真玩味了一番，说："只有三句写得极好。"赵明诚满怀期待地问："哪三句？"陆德夫回答说："莫道不销魂，帘卷西风，人比黄花瘦。"显然，就诗词才华而言，李清照远胜赵明诚。

笔记小说中还有一个故事：赵明诚幼年时，其父就已经为他考虑娶亲之事。有一天，赵明诚做了个梦，梦里读到一本书，醒来只记得三句："言与司合，安上已脱，芝芙草拔。"他的父亲为他解梦，说："你将会娶一个擅长写词的女子。'言与司合'是'词'字，'安上已脱'是'女'字，'芝芙草拔'是'之夫'二字，这不是说你是'词女之夫'吗？"这个故事虽然是小说家言，但妙趣横生。

李清照还为赵明诚写过一首《一剪梅》：

红藕香残玉簟秋。轻解罗裳，独上兰舟。云中谁寄锦书来，雁字回时，月满西楼。
花自飘零水自流。一种相思，两处闲愁。此情无计可消除，才下眉头，却上心头。

这首词也是著名的言情佳作，同样作于赵明诚与李清照分离的那段时光。从"一种相思，两处闲愁"可以看出，李清照对赵明诚的远别虽然心怀感伤，但这种伤感并不浓厚，也不沉重，是一种可有可无、若有若无的"闲愁"，是沉浸在幸福中的人才有的涟漪般的淡淡轻愁。

春到长门

如果人生只看前半段，那么李清照与赵明诚的婚姻，简直比童话还美好。然而，现实人生往往有灰暗与痛苦的另一面。

正如白居易所言："大都好物不坚牢，彩云易散琉璃脆。"李清照与赵明诚的婚姻也没有一直甜美下去，而是慢慢透出了苦涩。最先出现的裂痕是子嗣问题。李清照与赵明诚结婚多年，却一直没有生下一儿半女，这在古代被认为是女性的罪过，是可以被丈夫休掉的正当理由。李清照当然没有被赵明诚休掉，然而，她却无法阻止丈夫以生育为由纳妾。

关于赵明诚是否纳妾，古往今来争议很多。然而以当时的社会习俗推理，赵明诚纳妾的可能性非常大。

宋代文官收入很高，且盛行纳妾，一个男子若年过四十无子而又家境允许，纳几个姬妾是司空见惯的事。赵明诚中年时至少做过两任地方知州，收入颇丰，又多年无子，纳妾在当时于情于理都无不妥。有学者钩沉史料，研究得出赵明诚是有子嗣的，这些子嗣既然不是李清照所生，那必是姬妾之子。

婚姻中出现了这样的裂痕，李清照自然不可能不感到痛苦，这在她的词中也有反映。李清照填过一首《小重山》，词中有"春到长门春草青"之句。"长门"是一个典故，汉武帝的皇后陈阿娇因妒失宠，被打入长门宫，"长门"后来就成为女子失宠的专用典故。李清照词中用此典故，正是在暗示自己已失宠于丈夫。

李清照还有一首《凤凰台上忆吹箫》：

香冷金猊，被翻红浪，起来慵自梳头。任宝奁尘满，日上帘钩。生怕离怀别苦，多少事、欲说还休。新来瘦，非干病酒，不是悲秋。

休休，这回去也，千万遍阳关，也即难留。念武陵人远，烟锁秦楼，惟有楼前流水，应念我、终日凝眸。凝眸处，从今又添，一段新愁。

这首词也被认为抒发的是李清照对赵明诚纳妾的失意之情。丈夫背叛感情另觅新欢，她非但不能公然反对，还得表示由衷支持，否则就会背上"妒""悍"的恶名。这既是李清照的悲哀，也是当时一切女子的悲哀。无怪乎，她只能在词里婉曲地吐露真情——"多少事、欲说还休。新来瘦，非干病酒，不是悲秋。""凝眸处，从今又添，一段新愁。"这是她无法明言的伤与痛。

寻寻觅觅，冷冷清清，凄凄惨惨戚戚

而后来的裂痕，更加触目惊心。靖康二年（1127年），金人挥师南下，攻下北宋首都汴梁，掳走徽、钦二帝，北宋灭亡。覆巢之下，安有完卵？在家国之难中，李清照和赵明诚也流离失所，飘摇在惊涛骇浪中。不过，同样是面对国破家亡，李清照和赵明诚的表现有天壤之别。李清照虽是弱女子，却有士大夫的忧国之志。她写下著名的《夏日绝句》："生当作人杰，死亦为鬼雄。至今思项羽，不肯过江东。"旗帜鲜明地主张抗金，反对投降逃跑；而赵明诚身为一郡长官，却在金兵来袭时，弃郡中百姓于不顾，自己缒城逃跑。

二人除了家国情怀有别，对待家庭的态度也有分歧。虽然同为金石书画爱好者，但李清照对待藏品姿态潇洒，以玩赏为重，以收藏为轻；赵明诚则不同，把藏品看得比性命还重，不但平时不让人随便翻阅，甚至在国难临头时也舍不得放弃，南下避乱时，光书画文物就装了十五车。

在逃难过程中，赵明诚被任命为湖州知州，不得不前去赴任，留下李清照一个人带着家当四处流亡。和赵明诚告别之际，李清照内心颇感不安，问丈夫："如果发生紧急情况，我该怎么办？"赵明诚不耐烦地回答说："随大流吧。实在不行，先扔掉行李，再扔掉衣被，其次是书画，再次是古董，只有祭祀祖先的宗器不能扔，你要和它共存亡！"两个月后，赵明诚重病身亡，临终只留下一首绝笔诗，对妻子、家人一句嘱咐都没有。

在《金石录后序》中书写这段往事时，李清照备感沉痛。这是真正的国破家亡，国家倾覆了，小家没有了，她和赵明诚也从相知相爱，走到了曲终人散。丈夫去世后，李清照又经历了重重波折。她先是大病一场，接着书画文物又遭遇盗贼散失殆尽，而后遇人不淑，错嫁觊觎她古董的张汝舟，为此还打了一场离婚官司，虽然后来和人品低劣的张汝舟成功和离，却因为宋代法律规定妻子不可状告丈夫而被下狱，多亏朋友营救才脱险。

晚年，李清照茕茕孑立，词风一转而有沉郁之气。其著名词作《声声慢》多被认为书写的是她饱经忧患后的凄凉晚境——

寻寻觅觅，冷冷清清，凄凄惨惨戚戚。乍暖还寒时候，最难将息。三杯两盏淡酒，怎敌他、晚来风急？雁过也，正伤心，却是旧时相识。

满地黄花堆积。憔悴损，如今有谁堪摘？守着窗儿，独自怎生得黑？梧桐更兼细雨，到黄昏、点点滴滴。这次第，怎一个愁字了得！

此时的李清照，生命中只剩下浓得化不开的忧愁，而她和赵明诚奇文共赏、赌书泼茶的美好往事，已然化为云烟，消失在旧时光中。

纳兰性德：大清第一"恋爱脑"，写尽阳春白雪 BE 式

纳兰一生经历过三段刻骨铭心的恋爱，都以伤痛终结，这是造成纳兰郁郁寡欢的重要因素。古语曰："情深不寿。"

喜欢纳兰性德的人很多。这不仅因为他是出身高贵的翩翩公子，

也不仅因为他是誉满文坛的"清朝第一词人""清初学人第一"，

还因为他有至情至性的纯良品质，有可歌可泣的跌宕人生。尤其是他不幸的婚姻与爱情，塑造了其"千古伤心词人"的形象，撩动了一代又一代有情之人的心弦。

我是人间惆怅客

纳兰性德，叶赫纳兰（拉）氏后人。原名纳兰成德，为避当朝太子的讳，改名性德。字容若，因为出生在冬季，小名又叫"冬郎"。纳兰性德出身高贵。他是康熙朝权相纳兰明珠的长子，纳兰氏和清朝皇室世代联姻，康熙皇帝的曾祖母和性德的曾祖父是亲兄妹，算起来，性德还是康熙皇帝的表弟；康熙皇帝的宠妃叶赫纳兰氏也是性德的亲戚。而性德的母亲姓爱新觉罗，出身皇族，是多尔衮的哥哥——英亲王阿济格的女儿。

这样的出身，可谓生来就含着金汤匙。历史上有这样显赫出身的文学家，也不过南唐后主李煜、北宋词人晏几道等人。然而，富贵公子纳兰性德却很少为自己的"乌衣门第"自豪。相反，他在诗词中处处流露出对富贵生活的厌倦，对财富权势的鄙弃。他有词句："我是人间惆怅客""不是人间富贵花"，不但不以繁华为意，反而自取清冷，自甘寂寞，表现出反差极大的忧郁情绪。他的"惆怅"来源于何处呢？

纳兰的第一重"惆怅"来自他的多愁多病。纳兰性德自幼锦衣玉食，且按照满人习俗勤于练习骑射，然而他的身体素质却不是很好，体弱多病。在纳兰的词中，多次出现这样的句子："病起心情恶""而今病向深秋""同是恹恹多病人""多情自古原多病"。身体的柔弱也使纳兰的心理大受影响，他多愁善感，像《红楼梦》里"无故寻愁觅恨"的贾宝玉。

纳兰的第二重"惆怅"来自理想的事与愿违。纳兰天资聪颖，自幼便对文学充满热爱。他很早就能写出漂亮的诗词文章，18岁考中举人，22岁考中进士，同年完成经学巨著、大型丛书《通志堂经解》的刊刻工作，并将自己的词集《侧帽集》编印出版。纳兰理想的事业是进入翰林院，做一个清雅的文学之士。然而，康熙皇帝却打碎了他的梦想，将其调到自己身边担任宫廷侍卫。这让纳兰陷入深深的绝望。再加上官场充满尔虞我诈、相互倾轧的阴谋，这令天性纯真、热爱自由的纳兰深受折磨。

纳兰的第三重"惆怅"来自婚姻与爱情的悲剧。纳兰一生经历过三段刻骨铭心的恋爱，都以伤痛终结，这是造成纳兰郁郁寡欢的重要因素。古语曰："情深不寿。"纳兰的悲剧似乎在于，他对一切都用情至深，"一往情深深几许"，却不幸为情所伤过早离世。

当时只道是寻常

　　纳兰十几岁时曾有过一段缠绵悱恻的初恋。关于他的初恋对象，一向众说纷纭，有人说是他的表妹，有人说是他府上的丫鬟。他们花前月下、海誓山盟，恋情非常甜蜜，最终却不知为何不了了之。纳兰曾有一首词《鬓云松令》，似乎就在怀念这段情窦初开的恋情：

　　　　枕函香，花径漏。依约相逢，絮语黄昏后。时节薄寒人病酒。划地梨花，彻夜东风瘦。
　　　　掩银屏，垂翠袖。何处吹箫，脉脉情微逗。肠断月明红豆蔻。月似当时，人似当时否？

　　初恋的失败，让纳兰陷入深深的悲伤，直到 20 岁时与卢氏结婚。卢氏比纳兰小两岁，是一位大家闺秀。她的父亲卢兴祖是两广总督，属于汉军镶白旗人。汉军旗人是早期加入清朝阵营的汉人，在满汉禁止通婚的时代，可与满人联姻。

　　卢氏知书达礼，娴雅大方，嫁给纳兰后，用自己的善良温柔一点点融化了纳兰心中的坚冰。纳兰和卢氏相处越来越融洽，两人感情也越来越深厚。不知不觉间，纳兰发现自己已经离不开卢氏了。卢氏是纳兰的红颜知己。她不仅在生活上对纳兰温柔体贴、关怀备至，还能与纳兰交流思想与感受。卢氏会满怀羞涩地给纳兰写情书，还细心地收集、整理纳兰随手写就的诗词，为纳兰出版第一部词集《侧帽集》做出了重要贡献。

卢氏的柔情似水让纳兰深感幸福。在纳兰心中，卢氏不仅是花容月貌的美丽女子，还是可以和谢道韫、李清照相媲美的才女。纳兰曾有词句"林下荒苔道韫家""林下闺房世罕俦"，赞美的就是妻子的才华和气质，称道她有魏晋的"林下之风"，超凡脱俗。纳兰曾在怀念卢氏的词作《画堂春》里，深情表达了希望和卢氏一生一世长相厮守的心愿：

一生一代一双人，争教两处销魂。相思相望不相亲，天为谁春。

浆向蓝桥易乞，药成碧海难奔。若容相访饮牛津，相对忘贫。

然而，天道无常。这段温馨的时光仅持续了三年，就遭遇了变故。纳兰23岁那年，卢氏为纳兰生下儿子海亮后，因难产引发恶疾，猝然离世。卢氏的死，对纳兰来说是一个沉重的打击。他感受到命运的无情，也感受到人世的残酷。

卢氏去世后，纳兰悲痛欲绝，为她写下无数悼亡词，倾吐追思和怀念。"唱罢秋坟愁未歇。春丛认取双栖蝶。""手写香台金字经，惟愿结来生。""知己一人谁是？已矣。赢得误他生。"在这些伤悼之词中，有一首《浣溪沙》最为著名：

谁念西风独自凉，萧萧黄叶闭疏窗。沉思往事立残阳。被酒莫惊春睡重，赌书消得泼茶香。当时只道是寻常。

"赌书泼茶"是宋代才女李清照与丈夫赵明诚的风雅故事：李清照与赵明诚经常比赛猜典故，谁先猜中谁喝茶。因为这个游戏太好玩，猜中的人常常笑得把茶都泼在了怀里。这个故事后来就成为赞美夫妻琴瑟和鸣、风趣文雅的著名典故。想来，纳兰与妻子也有过酒醉春睡、赌书泼茶的美好时光，然而，那时候自己并没有意识到这有多不寻常，从未想过这样平淡的生活竟是人生再也回不去的过往。

落尽梨花月又西

卢氏的离世，带走了纳兰人生中为数不多的欢乐。纳兰出版第一部词集时，刚刚金榜题名，又有卢氏陪伴在身旁，正是人生意气风发的时期，因此，他给自己的词集命名为《侧帽集》，用的是美男子独孤信"侧帽风流"的典故。而卢氏去世后，纳兰悲伤难抑，词集再版时，他将集名改为《饮水词》。"如人饮水，冷暖自知。"这个名字充满无法与人分担的孤独感。由于看透了人生的空幻，他还给自己取了个有出世色彩的号"楞伽山人"，这个号就来自佛教经典《楞伽经》。

雪上加霜的是，纳兰此时又遭遇了事业上的挫折。早在卢氏去世前一年，纳兰以优异的成绩考中进士二甲第七名。按照惯例，这样的成绩是应该进翰林院的，这也是纳兰长久以来的期望，但他迟迟没有得到安排。一直到卢氏去世这年秋天，纳兰的任命才下来，不过，不是进翰林院，而是给皇帝当侍卫。据说康熙皇帝这样安排，是不想看到明珠父子同朝为官，以防他们把持朝政。

纳兰当然不敢抗旨不遵。宫廷侍卫之职表面荣耀，实际上刻板枯燥，做的都是站岗、巡逻、喂马等类似于仆役的工作。而且，伴君如伴虎，稍有不慎，便会引来杀身之祸。纳兰在侍卫岗位上吃苦耐劳、忠于职守，从未出过任何差错。然而这份工作充满压抑，严重损害了纳兰的身心健康。

与此同时，纳兰的家庭生活也让他有苦难言。卢氏去世后的第三年，纳兰遵照父母之命续娶了官氏为妻。官氏出身高贵，但娇生惯养、任性刁蛮，和纳兰不太相投。因此，纳兰很少在文字中提到这位夫人，更不用说同她建立像卢氏那样亲密的感情。纳兰还有一位侧室颜氏，同样存在感极低。

内外交困，纳兰无疑满心痛苦。他渴望温暖，渴望爱情的滋润。而就在他内心孤寂、彷徨之时，他再次遇到了让自己动情的人，这个人就是沈宛。沈宛是一位才情出众的江南歌女，琴棋书画样样精通，还有很高的诗词造诣，著有词集《选梦词》。纳兰是通过朋友顾贞观知道沈宛的，而沈宛也早闻纳兰的才名，心怀仰慕。终于，借一次扈从皇帝出巡江南的机会，纳兰与沈宛相会了。二人一见如故，很快走到了一起。

不过，纳兰不可能久留江南，两人若要长相厮守，只能是沈宛追随纳兰去京城。事实上，沈宛也确实这样做了。但不幸的是，当时满汉不通婚的禁令依然严厉，纳兰即便想把沈宛纳为姜室也很难做到，只能把她偷偷安置在府外，有空时去看她。沈宛这种身份叫作"外室"，在当时地位很低，连姜都不如。这难免会让她感觉屈辱。而纳兰平时公务繁忙，一举一动都有人盯着，并不方便与沈宛相会，沈宛于是常常独守空闺。

终于，沈宛再也忍受不了这样的生活，向纳兰提出了分手。就这样，纳兰和沈宛以甜蜜开头，以苦涩收尾，两人挥泪告别，此生再无缘相会。纳兰有一首词《采桑子》，写的似乎就是他与沈宛的这段恋情：

　　而今才道当时错，心绪凄迷。红泪偷垂。满眼春风百事非。
　　情知此后来无计，强说欢期。一别如斯。落尽梨花月又西。

这首词情调低迷，字里行间弥漫着造化弄人的无奈情绪，正是纳兰后期"哀感顽艳"词风的代表。

与沈宛分手不到半年，纳兰便一病不起，溘然长逝，去世时年仅 31 岁。这位富贵公子有得天独厚的出身和禀赋，却又有令人惋惜的命运和遭遇。我们今天之所以仍对他的婚姻、爱情津津乐道，正因为他的一腔深情实在动人。"家家争唱《饮水词》，纳兰心事几曾知。"如果有来世，愿纳兰不再伤心。

李煜：本想做个逍遥才子，奈何却成了亡国之君

与其他"后主"多遭人唾弃不同，李煜的失国常叫人为他掬一把辛酸泪，奉上无限同情。这既是出于对他才华的仰慕，也是出于对他命运的哀叹。

早在上一年秋天，大宋皇帝赵匡胤挥师南下攻打南唐，

以实现自己统一天下的宏伟目标。

南唐首都金陵被宋军围困数月后，惨遭攻破。身为一国之君，李煜万般无奈，肉袒出降，随后作为俘虏，被押往大宋首都汴梁，开始了阶下囚的生涯。三年后，李煜被宋太宗赵光义赐死，死时年仅42岁。

王朝的末代君王，常被称为后主，李煜因此又被称为"南唐后主"或"李后主"。历史上"后主"很多，著名的有蜀汉后主刘禅、南朝陈后主陈叔宝、前蜀后

主王衍等。"后主"们失国，多是由于不善理政、不辨忠奸、贪图享乐、骄奢淫逸等"罪过"，李煜也不例外。然而，与其他"后主"多遭人唾弃不同，李煜的失国常叫人为他掬一把辛酸泪，奉上无限同情。这既是出于对他才华的仰慕，也是出于对他命运的哀叹。

万顷波中得自由

李煜能成为南唐国主，就是造化弄人的结果。李煜原名李从嘉，是南唐中主李璟的第六个儿子。按照封建王朝皇位继承"立长立嫡"的制度传统，南唐国主本来轮不到李煜当，然而不幸的是，李煜的五个哥哥都英年早逝，于是李煜便被扶上了太子之位，在中宗死后成为国主。

李煜天生相貌不凡，史书上说他"丰额骈齿，一目重瞳"——额头宽阔，双排牙齿，一只眼睛里有两个瞳孔。按照现代医学的解释，"骈齿"就是一种长得比较整齐的龅牙；"重瞳"属于瞳孔发生了粘连畸变，是早期白内障的症状。不过，在古人看来，这些不算毛病，而是大富大贵的面相，是圣人才有的相貌，有可能要当皇帝。

正因为有这样奇异的面貌，李煜遭到了当时的太子——长兄李弘冀的猜忌。为了避免引来祸患，也因为天生热爱文艺，李煜便刻意躲避政事，让自己沉醉在诗文书画里，还给自己起号"钟隐""钟峰隐者""莲峰居士"，以表明自己志在山水，无意和太子争位。这一时期李煜有两首《渔父》词，便是为消除太子的仇嫉而作：

> 一棹春风一叶舟，一纶茧缕一轻钩。
> 花满渚，酒满瓯，万顷波中得自由。

> 浪花有意千里雪，桃花无言一队春。
> 一壶酒，一竿身，快活如侬有几人。

隐居避世、悠游度日，这应该是李煜内心真正的渴望吧。只是很可惜，帝王家最缺的就是自由和快活。随着几位兄长相继离世，家国的重任最终还是落到了李煜身上。

烂嚼红茸，笑向檀郎唾

李煜能治理好一个庞大的国家吗？历史给我们的答案是：不能。

李煜天生宽仁懦弱，没有什么架子和威严。这样的性格，对普通人来说没什么不妥，然而作为一国之君，却缺乏应有的精明与强干。和他的父亲李璟一样，李煜诗人气质浓厚，沉迷文学和艺术。他是优秀的诗人、词人，还是杰出的书画家，曾自创名为"金错刀"的书法风格。他热衷收藏"文房四宝"，制作、收藏了大量名贵的"廷珪墨""澄心堂纸""龙尾砚"。这样的兴趣爱好，对治国理政来说，也是只有损害，没有利益。他还是虔诚的佛教徒，在南唐国土上大兴土木广建佛寺，这同样给国家和人民带来了沉重负担。

李煜从小"生于深宫之中，长于妇人之手"，一直过着锦衣玉食的豪华生活，因此，当上皇帝之后，他仍延续着以往奢侈享受的习惯。他喜欢醇酒美人，同时娶了周家两个绝色美女——大周后和小周后，后宫更是佳丽如云。李煜叫人用红丝罗帐、玳瑁、绿宝石等宝物装饰宫廷与花园，自己就和皇后、美人在这里赏花饮酒，过着流连歌舞、醉生梦死的生活。

这一时期，李煜的词写的多是宫廷里的奢华生活，风格浮艳绮靡。比如，他有一首《一斛珠》，描写的就是他和大周后调情的场景：

晓妆初过，沉檀轻注些儿个。向人微露丁香颗。

一曲清歌，暂引樱桃破。

　　罗袖裹残殷色可，杯深旋被香醪涴。绣床斜凭娇无那。烂嚼红茸，笑向檀郎唾。

　　这首词把大周后的娇媚情态描写得鲜润旖旎、绰约动人，然而这样的词格调却不高，与晚唐五代盛行的描写男欢女爱的"花间词"相去不远。

离恨恰如春草

　　李煜身为一国之君，不用心政事，只顾贪图享乐，这样的国家，必然走向没落和衰亡，这是南唐此刻真实存在的内忧。与此同时，南唐还面临着严峻的外患，那就是北方大宋的崛起。

　　959 年，北方后周的皇帝周世宗柴荣驾崩，他的儿子周恭帝柴宗训即位，即位时只有 7 岁，是个幼弱的小皇帝。第二年，后周大将赵匡胤在陈桥驿发动兵变，取代周恭帝当上了皇帝，大宋由此建立，这就是历史上有名的"陈桥兵变"。赵匡胤就是宋朝第一位皇帝宋太祖。

　　赵匡胤称帝后，便踌躇满志地开始剪除各个割据政权，加快统一天下的步伐，富庶的南唐亦是目标之一。看到大宋有灭掉南唐的打算，李煜十分紧张。然而，他的应对之策不是修明政治、富国强兵，而是抱着侥幸心理，不断以财货贿赂大宋，乞求大宋不要攻伐他。李煜即位之初，就一次向宋朝进贡金器两千两、银器一万两、绫罗绸缎一万匹。此后，每听到宋朝出师告捷的消息，他必然派使者备足厚礼前去庆贺。若是碰上节日庆典，南唐贡奉给宋朝的古玩珍宝更是不计其数。

北宋开宝四年(971年)秋，李煜又派使者到宋朝进贡。这一次，他的姿态更加卑微。因为李煜一向尊奉宋朝，宋朝给南唐的诏书是不直呼李煜名字的，但李煜却上表宋太祖，请求去掉这个礼遇，直呼自己的名字。为了进一步表达自己附属大宋的忠诚，李煜甚至还要求去除南唐的国号，改称自己为"江南国主"。

然而，这些丧权辱国的妥协却没有博得大宋的同情。大宋不仅扣押了此次进贡的使者——李煜的弟弟李从善，还步步紧逼，胁迫李煜主动投降。李煜为此痛苦不已，出于对弟弟的思念，也出于对国家前途的担忧，李煜写下深情忧郁的《清平乐》，倾吐心中愁闷：

别来春半，触目柔肠断。砌下落梅如雪乱，拂了一身还满。

雁来音信无凭，路遥归梦难成。离恨恰如春草，更行更远还生。

自是人生长恨水长东

开宝七年（974年）秋，宋太祖起兵攻打南唐，于第二年包围了金陵。为了做最后的挣扎，李煜两次派大臣徐铉出使宋朝，答应给宋朝进贡大量钱物，请求大宋撤军。但面对南唐君臣的苦苦哀求，赵匡胤只冷冷地说了一句："卧榻之侧，岂容他人鼾睡。"就这样，975年12月，金陵城被宋军攻下，李煜出城投降，南唐从此灭亡。

在辞别故土、与昔日尊贵的帝王生活挥手告别之际，李煜泪流满面，写下著名词作《破阵子》，抒发亡国的痛切与悲哀：

四十年来家国，三千里地山河。凤阁龙楼连霄汉，玉树琼枝作烟萝，几曾识干戈？
一旦归为臣虏，沈腰潘鬓消磨。最是仓皇辞庙日，教坊犹奏别离歌，垂泪对宫娥。

亡国之后，李煜被软禁在东京汴梁。虽然宋太祖没有杀他，还在京城给他修建了豪华府第，但阶下囚的生活始终是压抑和屈辱的，一举一动都被牢牢盯着。因为李煜在投降之前有抵抗的举动，于是宋太祖封他为"违命侯"，以此来羞辱他。李煜的妻子小周后虽然被封为尊贵的郑国夫人，却屡遭新即位的宋太宗赵光义的骚扰。

面对这样的命运，李煜痛苦不堪，天天以泪洗面，把千头万绪、千言万语都融入笔下的词作中。李煜亡国之后的作品不多，但篇篇都是精品，字字都是血泪，随便拈出，即是珠玑琳琅——

无言独上西楼，月如钩。寂寞梧桐深院锁清秋。

剪不断，理还乱，是离愁。别是一般滋味在心头。（《相见欢》）

林花谢了春红，太匆匆，无奈朝来寒雨晚来风。

胭脂泪，相留醉，几时重，自是人生长恨水长东。（《相见欢》）

帘外雨潺潺，春意阑珊。罗衾不耐五更寒。梦里不知身是客，一晌贪欢。

独自莫凭栏，无限江山，别时容易见时难。流水落花春去也，天上人间。（《浪淘沙》）

这些词行云流水、明白如话，却蕴结万千深沉复杂的感情，触动了一代又一代人，与他早年的绮艳之作有天壤之别。

春花秋月何时了

太平兴国三年（978年），又至七夕佳节。此夜，李煜府中也张灯结彩，一片旖旎景象。然而，身处异乡，身为臣虏，李煜怎么也高兴不起来。怀着浓重的愁思，怀着对故国的思念，他写下千古名作《虞美人》：

春花秋月何时了，往事知多少？小楼昨夜又东风，故国不堪回首月明中。

雕栏玉砌应犹在，只是朱颜改。问君能有几多愁？恰似一江春水向东流。

没想到，正是这首词，给他招来了杀身之祸。李煜的词刚写完，就被密探报到了宋太宗那里。宋太宗听闻李煜仍念念不忘故国，勃然大怒，当即赐他毒药，令他自杀。就这样，李煜死在了七夕之夜，而这天，正是他42岁的生日。

李煜的一生，是悲剧的一生。身为君王，他没有尽到治国安民的责任，一任国土沦丧而无所作为；身为词人，他是天才，是旷古难遇的文学大家，"词"这个"小道"因他的创作而一跃成为文学"重镇"。

王国维先生有名言曰："词至李后主而眼界始大，感慨遂深，遂变伶工之词而为士大夫之词。"词最早是由歌儿舞女演唱的，文人写词也主要是为了给歌女们歌唱，因此内容多写男女恋情，这就是"伶工之词"。到了后来，词的内容、情感与意境扩大了，超越了儿女情长，甚至可以书写士大夫的家国情怀，这就是"士大夫之词"。而词发生这样的转变，正是从李煜开始的。

绝代才子、薄命君王，李煜留给世间的是长长的叹息。"国家不幸诗家幸，赋到沧桑句便工。"李煜的不幸，却造就了文学的大幸，很难说这是不是命运的捉弄。也许对李煜来说，不做皇帝，做文学家、艺术家，拥有平凡而笃定的幸福，才是他人生最大的渴望。上天没有如他所愿，这不能不说是一种残忍。

第二章 ● 没有人会一直被捶，除非你有着捶打的本事

捶打

李贺：27年苦短人生，拿命与苦难死磕的鬼才

李贺的一生，短暂而苦痛，然而，他留下的241首诗歌，字字珠玑。这些凝结着血泪的诗，皆由他病蚌一般的身躯和心灵打磨而成。

他只活了27岁，一生病苦，却在诗歌史上留下了不朽的声名。

有人把他和李白相提并论，称其为李白之后"百岁有是业者"；

有人认为他"师心作怪""出人意表"，自出机杼，自成一家；更有人，在"诗仙""诗圣""诗魔""诗豪""诗囚"之列为他找到一席之地，尊其为"诗鬼"。他就是李贺，诗歌史上"不可无一，不可有二"的鬼才。他的人生短暂而热烈，苦痛而激昂，他的生与他的死，都是瑰丽的诗，是文学史上惊鸿绝艳的传奇。

身心之病

李贺自出生以来，便与病痛相伴。唐代大诗人李商隐曾根据李贺姐姐的讲述，为李贺写过一篇小传。在这篇小传里，他描写了李贺的模样：细瘦羸弱，眉毛连在一起，手指特别长。今人根据这样的生理特征，结合他死前畏光流泪、眼睛充血的症状，推测他应该患有遗传性疾病"马方综合征"。又根据他的诗文内容，推测他还患有肺病，日常有消瘦、盗汗、乏力、胸痛等症状。

也许因为自小身体被疾病折磨，李贺的内心变得异常敏感，诗歌里的"病"字无处不在。他常以"病身""病容""病骨""病客"指称自己，还不止一次写到自己生病吃药的状况。"虫响灯光薄，宵寒药气浓"，描写的是夜里小童为自己熬药的场景。"凉馆闻弦惊病客，药囊暂别龙须席"，描写的是自己药囊几乎不离身的现实。至于"秋姿白发生""梦泣生白头""日夕著书罢，惊霜落素丝"，说的则是自己因为病弱早生白发、盛年脱发的样子。

不过，尽管身体羸弱，李贺却在诗歌创作上投入了大量的心血。李贺是位天才诗人，相传他7岁就能写出很好的诗文，诗名甚至传到了文坛领袖韩愈和皇甫湜耳中。韩愈和皇甫湜曾亲自登门拜访这位神童，命他当场赋诗来检验他的才能。李贺不假思索，奋笔疾书，很快写成《高轩过》一首，如同早就打好腹稿一样。韩愈和皇甫湜当即被他的才华打动了。这个故事可能是虚构的，但李贺的诗才无疑是超群的。

不仅天资出众，李贺还不肯放弃后天的努力。每天一早，他都会带上一个小仆人，骑着骡子，背着一个古旧的锦囊，出门寻找作诗的灵感，每有所得，便立即在纸条上写下来，投到锦囊中。傍晚回家，他的母亲命人打开锦囊一看，里面已有一大堆字条。母亲很担心他的身体，忧虑地说："这孩子是要把心呕出来才罢休啊！"成语"呕心沥血"中的"呕心"即出自这里。李贺并没有因为母亲的劝阻就停止潜心创作，相反，他更加刻苦地在作诗上下功夫。每天出门采完诗后，晚上，他就在灯下研墨铺纸，把锦囊中的诗句补写完整，除了大醉和吊丧的日子，几乎天天如此。

命运之厄

李贺在作诗上如此投入，一方面是出于对诗歌的热爱，另一方面则怀着出人头地的梦想。李贺是李唐皇室的后裔，他的先祖郑王李亮是唐高祖李渊的堂叔，这种出身令李贺十分骄傲，以至于他在诗中常以"陇西长吉""宗孙""诸王孙"等称号来称呼自己，并为自己树立了封侯拜相、光宗耀祖的远大抱负。

不过，到了李贺这一代，他的家族已经没落，日子过得和平民差不多。李贺出生于河南昌谷（今河南宜阳），并在那里长大。昌谷的山水清幽秀美，对于陶冶诗人的性情大有益处。然而，李贺家境清贫，这也让他从小养成了忧郁自卑的性格。他曾在诗中描写过自己的艰难生活，提到家里田土贫瘠，数量不多，还要受催租逼税的小吏骚扰，甚至一度困窘到连为朋友饯行的酒菜都置办不起的地步。

才华出众却沉沦底层，这让李贺对成功有异乎寻常的渴望。李贺18岁时，考科举、走仕途成为他人生最重要的目标。他来到东都洛阳为入仕做准备，拿着自己的作品拜谒韩愈。韩愈送客归来，本来极其困倦。门人把李贺的诗呈给他，韩愈解了衣带，打算边休息边读。没想到刚读到首篇《雁门太守行》第一联："黑云压城城欲摧，甲光向日金麟开。"他就被李贺的诗才折服，当下又把衣带系好，命人立刻去请李贺。

李贺的才华打动了文坛领袖韩愈，这对于他参加科举考试大有帮助。李贺21岁这年，韩愈任河南令，李贺前去参加河南府试，顺利通过。他冬天来到长安，准备参加之后礼部的进士考试。然而，谁也没想到，就在一切顺利之时，却发生了意外。有人出于嫉妒，诋毁李贺，说李贺的父亲名"晋肃"，"进"和"晋"同音，按照科考要避开父祖名讳的原则，李贺是不应该参加进士考试的。这当然是无稽之谈，韩愈也觉得很可笑，甚至作了一篇《讳辩》来替李贺辩护。无奈的是，唐朝科考重视避讳已经到了极端的程度，李贺迫于舆论压力，不得不放弃参加进士考试。

愤懑之辞

失去考进士的机会，这对李贺来说是一个沉重的打击。在唐代，进士是非常难考的，每次通过选拔的人数都很少，有时不过数十人，有时连十人都不到。因此，当时有"五十少进士"的说法，意思是五十岁考中进士也算年轻的。同时，进士出身也最被文人看重，一个人如果不是进士出身，哪怕他后来位极人臣，也被称为"白衣公卿"或"一品白衣"，终究是有缺憾的。

因此，"避讳"事件之后，李贺的满腔抱负化为乌有，内心充满愤懑抑郁。他将情绪倾泻于这一时期的诗中：

"羞见秋眉换新绿，二十男儿那刺促。""长安有男儿，二十心已朽。""我当二十不得意，一心愁谢如枯兰。""不见年年辽海上，文章何处哭秋风。"……他的名篇《致酒行》也作于此时：

零落栖迟一杯酒，主人奉觞客长寿。
主父西游困不归，家人折断门前柳。
吾闻马周昔作新丰客，天荒地老无人识。
空将笺上两行书，直犯龙颜请恩泽。
我有迷魂招不得，雄鸡一声天下白。
少年心事当拏云，谁念幽寒坐呜呃。

在这首诗里，李贺于失意之时，遇到一个人请他喝酒，并好心劝慰他。他就借回应这位主人的机会大抒胸臆，倾吐了一番不平之气。"我有迷魂招不得，雄鸡一声天下白。少年心事当拏云，谁念幽寒坐呜呃"，是诗里的名句，渗透着刻骨的失望及不甘。这首诗的结尾虽有豪放之语，但李贺内心未必相信自己会有飞黄腾达的幸运。事实上，他一生担任的最高职位不过是奉礼郎——一个掌管朝会、祭祀礼仪的小官，这当然不是他的志向。因此，直到27岁去世，李贺也没有真正实现"雄鸡一声天下白"的梦想。

神异之死

同样面对失意，晋代诗人陶渊明自有一种"采菊东篱下，悠然见南山"的豁达潇洒，宋代词人柳永则有一种"才子词人，自是白衣卿相"的倔强豪放，而内向忧郁的李贺却选择了"咽咽学楚吟，病骨伤幽素"，把哀怨缠绵发挥到了极致。肉体的折磨、心灵的压抑、情感的苦楚，让他对死亡与幽冥的世界产生了激越的想象，于是，"瘦""寒""啼""泣""血""死"等字眼在他诗里频繁出现，让他的诗鬼气森森，美艳而凄厉。

六朝时南齐钱塘（今浙江杭州）歌妓苏小小，容颜秀丽，才华横溢，却不幸早死，生命终止在 20 岁。苏小小死后葬于钱塘江畔的西陵之下，相传风雨之夜，她的坟前能听到神秘的歌声。李贺对这位美而早夭的歌妓充满同情，在《苏小小墓》一诗中，用诡艳深情的笔触书写了她的命运：

幽兰露，如啼眼。

无物结同心，烟花不堪剪。

草如茵，松如盖。

风为裳，水为佩。

油壁车，夕相待。

冷翠烛，劳光彩。

西陵下，风吹雨。

这首诗借鉴屈原《九歌·山鬼》中鬼神的形象，把苏小小的鬼魂描写得空灵缥缈、"冷极鬼极"，虽为异类，却有人的深情厚谊。同时，李贺的自怜、自伤之情，也在这首诗里吐露无遗。

一位把鬼写到极致的诗人，他的死自然也少不了神异色彩。李商隐的《李贺小传》记录了李贺临终的情形：李贺将死之时，忽然在大白天看到一个红衣人，驾着红色虬龙，拿着一块写了字的木板，说要召李贺上天。李贺下床叩头说："我母亲老了，而且生着病，我不愿意去。"红衣人笑着说："天帝刚刚建成一座白玉楼，现在召你去为楼写记。天上的生活挺快乐的，不痛苦。"很快，李贺哭着气绝身亡。死时，平日所住的房子，窗户中有烟气袅袅升天，还能听到行车的声音和低低的奏乐声。这段故事由李贺姐姐亲口讲述，今人由此分析，李贺临死前，应该是出现了幻觉。

李贺的一生，短暂而苦痛，然而，他留下的241

首诗歌，字字珠玑。这些凝结着血泪的诗，皆由他病蚌一般的身躯和心灵打磨而成。他是诗歌史上的流星，一闪而逝，却在暗夜留下永不褪色的光华。其生也苦，其痛也歌。这就是李贺，独一无二的"诗鬼"。

李商隐：空有一身大才华，却半生自踽生辛酸泪

怀才不遇的遗憾，是李商隐终生未解的心结。有太多的话想说不能说，只能借诗的语言含蓄地说，于是诗中有了《无题》，于是诗家有了义山。

一提到李商隐，人们会不由自主地想起他那些缠绵悱恻的诗句——"春蚕到死丝方尽，蜡炬成灰泪始干"

"身无彩凤双飞翼，心有灵犀一点通""庄生晓梦迷蝴蝶，望帝春心托杜鹃""春心莫共花争发，一寸相思一寸灰"……清代诗评家刘熙载以"深情绵邈"四字概括李商隐的诗风，但其实李商隐的诗不止于此。除了缠绵于心的深情，从他的诗歌里，还能品出辛辣、豪放、庄重、悲悯等种种感情。他的诗"深情"，却不囿于"深情"，一如他的人生，融合了许多复杂的况味，像一曲千回百转而又神秘的歌。

寒门子弟

李商隐的一生，可以用"失意"二字概括。他出生在一个低级官员之家，父亲在他10岁左右去世，他跟着寡母回到故乡河南，过着清贫艰苦的生活。李商隐从小就是一个懂事的孩子，身为家中长子，他自觉扛起了养家糊口、光宗耀祖的重任。为了补贴家用，他常常一边干农活，一边替人抄书赚钱。

不过，艰难的生活也掩盖不了李商隐的才华。他聪颖早慧，5岁开蒙读经书，7岁开始作诗文，跟着一位精通五经和文字学的堂叔学习儒家经典，16岁便因擅长古文而远近闻名，字也写得很漂亮。

17岁时，李商隐把家搬到了洛阳，并在那里结识了白居易、令狐楚等前辈。令狐楚时任检校兵部尚书，很欣赏李商隐的文才，把他介绍给自己的儿子令狐绹，让他们一起交游、成长。令狐楚还亲自教李商隐学写骈俪奏章，把他往文学之士的方向培养，并在钱财衣物等方面慷慨资助他，后来又把他聘为自己的幕府官员，带着他宦游郓州、太原等地。令狐楚的赏识令李商隐感激不已，他毕生都把令狐楚视为恩师，每每提及，皆是感念的话语。

只是，尽管得到令狐楚这样的政坛大佬的赏识，李商隐的科举之路依然走得异常艰辛。从 16 岁起，李商隐便奔赴考场，开启了科考之路。然而，在唐朝极度重视门第、关系的社会背景下，出身寒门、没有靠山的李商隐，一连考了四次都名落孙山。大和九年（835年），李商隐第四次科考落榜，心情非常灰暗。在沮丧之中，他对曾厚待自己的从表叔崔戎及从表兄弟崔雍、崔衮充满了怀念。崔戎做过华州刺史，在李商隐失意时收留过他，对他颇为器重。崔戎的儿子崔雍、崔衮也跟李商隐感情深厚。李商隐于是写下名篇《宿骆氏亭寄怀崔雍崔衮》，表达对崔氏兄弟的思念，同时抒发身世之感：

竹坞无尘水槛清，相思迢递隔重城。
秋阴不散霜飞晚，留得枯荷听雨声。

"枯荷听雨"从此成为中国诗歌史上最美的意境之一。

夹缝失意

在令狐楚、令狐绹父子的帮助下，李商隐在 25 岁这年终于考取了进士，之后却又在第二年春天的制科考试中落榜，参加吏部的授官考试也在复审这一关直接被除名。考试如此背运，偏偏此时，对他提携很多的令狐楚也去世了，李商隐的入仕之路又艰难了几分。

就在李商隐一筹莫展之际，泾原节度使王茂元向他发出了邀请，请他做自己的幕僚。于是李商隐来到泾州（今甘肃泾川），成了王茂元的手下。和令狐楚一样，王茂元也很欣赏李商隐，并把自己的爱女嫁给了他。

对于穷小子李商隐来说，成为高官的乘龙快婿，本是一件好事，更何况妻子王氏温柔貌美，婚后二人琴瑟和鸣，相处十分融洽。然而，命运在赐给李商隐礼物的时候，也在暗中标注了代价——与王氏的联姻，让李商隐卷入了唐朝中后期一场近四十年的政治内斗。他的命运由此发生重大转折，一辈子都在党争的夹缝中艰难求生。

唐宪宗、唐穆宗时，以牛僧孺、李宗闵为首的牛党与李德裕、郑覃为首的李党展开激烈的争斗，史称"牛李党争"。在这场需要站队的政治分裂运动中，很多人都被牵扯进来，其中就包括李商隐。李商隐的恩师令狐楚及其子令狐绹属于牛党成员，而李商隐的岳父王茂元则与李党交好。李商隐先依附令狐父子，后投奔王茂元，并与王家结亲，在当时被看成"背恩弃义"的做法，两头不讨好。李商隐仕途上的困顿失意，正由此产生。

终其一生，李商隐一直奔波于各个幕府讨生活，在朝廷中做过的正式官职也只有秘书省校书郎、秘书省正字这两个低级文职。虽然他是王茂元的女婿，但王茂元并没有利用自己的影响力帮助他升迁。他在仕宦生涯中，又因为为母亲守丧，错过了李党掌权的大好时机，最终也没有摆脱沉沦下僚的命运。而随着王茂元去世，牛党重新掌权，李商隐的仕途便彻底失去了希望。

文士傲骨

李商隐并不是一个为了向上爬而不择手段的人。身为受过儒家正统思想教育的士大夫，他有坚守理想的政治原则和正直桀骜的文人风骨。任弘农（今河南灵宝）县尉时，李商隐曾做过一件正义的事——违背上司的旨意，私自把犯了一点小罪，却被判刑过重的老百姓减刑、放掉。李商隐这个举动，出发点是儒家的仁爱精神，不料却得罪了上司，他因此遭到官大好几级的陕虢观察使孙简的严厉斥骂。而李商隐也并没有因为上司比他官大就低头屈服，他以辞官的方式严正抗议，表现出不畏强权的铮铮铁骨。

李商隐还不做政治上的"墙头草"。他一生都活在牛李两党的夹缝里，从未被两党真正接纳，但他并没有见风使舵。相反，在需要明确表态的场合，他果断选择站在"正义"和"弱势"一边。在党争中，牛党一度得势，驱逐李党成员，原在朝廷任给事中的郑亚被贬往桂州(今广西桂林)。对政治斗争中的失败者，很多人要么落井下石，要么避之不及，唯有李商隐反其道而行之——他毫不犹豫地答应了郑亚的聘请，赶往岭南，加入其幕府，表现出异乎寻常的正义感。

李商隐有敦厚朴实的一面，像"诗圣"杜甫一样有博大的胸襟。追随郑亚期间，李商隐曾代理过昭州平乐郡(今广西平乐)郡守的职务。尽管代理的时间非常短，但他还是励精图治，打算在当地施行善政。他发现当地官员喜欢凌虐百姓，动不动就把百姓逮捕入狱。对此，李商隐深感愤怒，写诗辛辣地讽刺他们："虎当官道斗，猿上驿楼啼。""户尽悬秦网，家多事越巫。未曾容獭祭，只是纵猪都。"

他对朝政的腐败也很敢于批评。晚唐的皇帝大都崇佛媚道，不顾苍生，不任贤才，一心只想求仙问药。李商隐因此在咏史诗《贾生》中借古讽今："宣室求贤访逐臣，贾生才调更无伦。可怜夜半虚前席，不问苍生问鬼神。"他还以《咏史》为题，奉劝当政者尚勤俭、戒骄奢，"历览前贤国与家，成由勤俭破由奢"是诗中的至理名言。

李商隐对女性也心怀悲悯。古人常把美丽的女子视为"红颜祸水"，而李商隐却在唐玄宗和杨贵妃的爱情悲剧中对杨贵妃寄予了很深的同情。他在《马嵬》诗中写道："如何四纪为天子，不及卢家有莫愁。"讽刺唐玄宗贵为天子，还不如一个普通百姓，可以保护、陪伴所爱之人。

无题之谜

李商隐的诗歌中，有一个著名而又神秘的"无题"系列：

相见时难别亦难，东风无力百花残。
春蚕到死丝方尽，蜡炬成灰泪始干。
晓镜但愁云鬓改，夜吟应觉月光寒。
蓬山此去无多路，青鸟殷勤为探看。

昨夜星辰昨夜风，画楼西畔桂堂东。
身无彩凤双飞翼，心有灵犀一点通。

隔座送钩春酒暖，分曹射覆蜡灯红。
嗟余听鼓应官去，走马兰台类转蓬。

来是空言去绝踪，月斜楼上五更钟。
梦为远别啼难唤，书被催成墨未浓。
蜡照半笼金翡翠，麝熏微度绣芙蓉。
刘郎已恨蓬山远，更隔蓬山一万重。
…………

　　这些诗以"无题"为题，幽隐缠绵，像诗人不可捉摸的内心。由于这些诗过于隐晦，后世因此有"诗家总爱西昆好，独恨无人作郑笺"之说，意思是：李商隐的诗很好，很多人都推崇他，但他的诗太难懂了，没人能给这些诗作注释，让大家通晓其意，真是遗憾。

　　李商隐的《无题》写的是什么呢？很多人认为是爱情，可能是怀念他年轻时喜欢过的柳枝姑娘，也可能是叹息他婚后遇到不能在一起的人。而另外一种看法也许更接近真相：《无题》其实是李商隐的人生隐喻，是他对难以言说的曲折命运的婉转慨叹。它们看上去很像在书写爱情，但细品诗的用典——"蓬山""青鸟""灵犀""送钩""射覆""兰台""刘郎"等，会发现它们与爱情无关，而与政治和仕途抱负有很大关系。

从这个思路来解谜，李商隐的《锦瑟》也许是对他坎坷的一生所作的隐秘总结——

锦瑟无端五十弦，一弦一柱思华年。
庄生晓梦迷蝴蝶，望帝春心托杜鹃。
沧海月明珠有泪，蓝田日暖玉生烟。
此情可待成追忆，只是当时已惘然。

似水年华，迷惘人生，遗珠之恨，哀怨之情……这首诗写尽了李商隐人生的失意。"虚负凌云万丈才，一生襟抱未曾开。"——他的朋友崔珏显然是懂他的人。而怀才不遇的遗憾，是李商隐终生未解的心结。有太多的话想说不能说，只能借诗的语言含蓄地说，于是诗中有了《无题》，于是诗家有了义山。

也许，写这首诗时，他也没有料到，此诗一语成谶，之后自己的人生果然如"雪泥鸿爪"，四海漂泊，无枝可依。

苏轼：每逢佳节倍寂寞，写下颇少游离眼眶三部曲

宋代大文豪苏轼一生写过多首中秋词，其中最著名的一首是《水调歌头·明月几时有》，词里的名句"但愿人长久，千里共婵娟"，

也许是中国人最熟悉的中秋祝福。除了这首词，苏轼还有两首词也非常经典，分别是《阳关曲·中秋月》和《西江月·中秋和子由》。

这三首中秋词，都是苏轼为弟弟所写的思念之作，它们道出了苏轼一生的坎坷流离，也寄托着他对弟弟毕生的牵挂、依恋和思念。这三首中秋词，就像三封爱意绵长的情书，倾吐着苏轼对弟弟的深情。

夜雨对床

苏轼一生最亲密的家人、朋友就是他的弟弟苏辙。

从小，苏轼就表现出聪明张扬的个性，故而父亲为他取名"轼"，字子瞻，希望他像车上的扶手——轼一样，重要而不显眼，既能高瞻远瞩，又不过于锋芒毕露；而苏辙字子由，则是父亲希望他像车辙一样，让人不知不觉地追随，同时又不会惹麻烦。事实上，苏辙一生谨慎低调，平和稳重，的确很少像苏轼一样引人瞩目。兄弟二人在宦海浮沉中，一直是弟弟提醒、照顾哥哥更多，而哥哥对弟弟更加依赖、恋慕。

宋仁宗嘉祐元年（1056年），苏轼和苏辙随父亲苏洵离开故乡蜀地进京赶考，次年春，二人同时进士及第。主持殿试的宋仁宗对器宇轩昂、才华横溢的两兄弟印象深刻，回到宫中就对皇后兴奋地说："我今天为子孙得了两个太平宰相！"这一年，苏轼22岁，苏辙19岁。

数年后，兄弟二人又一同参加了皇帝主持的特殊人才选拔考试——制科。苏轼考取制科第三等，这是非常优异的成绩，宋朝自立国以来，在苏轼之前，只有一个人考过这么高的等次。而苏辙也在考试中考取第四等。至此，兄弟二人声名大噪。

一天晚上，风雨骤至，长夜寂静。兄弟二人一同在屋内读诗，读到唐代诗人韦应物的诗句"安知风雨夜，复此对床眠"，兄弟俩心有所触，想到入仕后将要分离，于是双双约定，等以后功成名就，二人一定要及早隐退，回到故乡，继续过风雨之夜对床畅谈的生活。

制科高中后，苏轼被授予陕西凤翔府签判的职位，即刻走马上任。第一次和兄弟远别，苏轼十分伤感，给苏辙作了首留别诗——《和子由渑池怀旧》：

人生到处知何似，应似飞鸿踏雪泥。
泥上偶然留指爪，鸿飞那复计东西。
老僧已死成新塔，坏壁无由见旧题。
往日崎岖还记否，路长人困蹇驴嘶。

作这首诗时，苏轼只有26岁，但诗中流露出的沧桑、萧索，让人完全想不到是出自青年之手。也许，写这首诗时，他也没有料到，此诗一语成谶，之后自己的人生果然如"雪泥鸿爪"，四海漂泊，无枝可依。

明月几时有

苏轼人生的坎坷与磨难，全都与一场著名的政治改革有关。这场改革就是"王安石变法"。"王安石变法"是中国历史上一场伟大的变革，但也由此产生了很多矛盾和问题。因此，变法一展开，就遭到许多人的反对，其中不乏司马光、欧阳修、苏轼等名士。朝中主流分成两派，拥护变法的叫"新党"，反对变法的叫"旧党"。

宋神宗变法的决心非常坚定，在皇帝一边倒的倾向中，新旧两党的斗争逐步升级，最终变成你死我活的倾轧。在这样的政治环境中，苏轼感到无比苦闷，于是，他请求到地方任职，离开是非之地。从熙宁四年（1071年）到熙宁九年（1076年），苏轼先在美丽富庶的杭州做了三年州郡副长官——通判，接着又调任密州（今山东诸城），做了三年知州。这六年间，他无比思念弟弟苏辙，为其写下数不清的诗作。

熙宁九年中秋节，皓月当空，清辉铺地，面对团圆满月，苏轼从来没有像当夜这样想念苏辙。在清冷的月光下，他大醉一场，把对弟弟的思念全部倾吐在《水调歌头·明月几时有》中：

明月几时有？把酒问青天。不知天上宫阙，今夕是何年。我欲乘风归去，又恐琼楼玉宇，高处不胜寒。起舞弄清影，何似在人间。

转朱阁，低绮户，照无眠。不应有恨，何事长向别时圆？人有悲欢离合，月有阴晴圆缺，此事古难全。但愿人长久，千里共婵娟。

青天之上的琼楼玉宇到底是什么模样？苏轼想象着天上的宫殿，那无忧无虑、没有烦扰的尘外之境令他心驰神往。不过，天宫虽然自由广阔，却不免凄凉冷清，让人不胜其寒，不如人间，虽有烦恼，却温情十足。

如果说词的上阕，主题是"天上"，那么下阕，主题就是"人间"。这中秋的明月，转过朱红的阁楼，低低地映照在雕花的窗户上，照着无眠之人。人为何而无眠？答案正是与亲人的别离。但苏轼很擅长自我开解：人的悲欢离合，月的阴晴圆缺，都是世间常态，难以求得圆满。因此，他当下最大的心愿，就是和弟弟长久守望，共赏明月。

这首词把人间的悲欢离合融入对宇宙自然的思考中，旷达、豪迈，富含哲理。"但愿人长久，千里共婵娟"，道出天下有情人共同的心声，与王昌龄的"青山一道同云雨，明月何曾是两乡"有相似的意趣。

此生此夜不长好

说来也很神奇，就在写完这首怀念苏辙的词后不久，兄弟二人便得到了聚首的机会。此年冬，苏轼接到了调任河中府（今山西永济）的任命，在赴任的途中，他与弟弟苏辙相逢。

六年未见，兄弟二人都难掩激动欣喜之情。在早春的寒风中，他们并肩揽辔，一同前往河中。没想到，苏轼刚走到半路，就接到诏命，让他改知徐州。于是，苏辙便一路陪同哥哥前往徐州上任。

在徐州的这段时间，是苏氏兄弟自变法以来，相互陪伴最长的一段时间，也是他们自变法以来度过的最幸福的时光，二人朝夕相处，形影不离。

很快，中秋又至，苏轼在彭城山下与弟弟泛舟赏月。清风习习，鼓乐齐鸣，兄弟二人心中既感到极大的快乐，又涌上阵阵哀愁——度过这个佳节之后，又将各奔东西，不知何时才能再会。

怀着复杂的情绪，苏辙填了一首《水调歌头·徐州中秋》，词中写道：

离别一何久，七度过中秋。去年东武今夕，明月不胜愁。岂意彭城山下，同泛清河古汴，船上载凉州。鼓吹助清赏，鸿雁起汀洲。

坐中客，翠羽帔，紫绮裘。素娥无赖，西去曾不为人留。今夜清尊对客，明夜孤帆水驿，依旧照离忧。但恐同王粲，相对永登楼。

苏轼也在悲欣交集的心境中，填了首小词《阳关曲·中秋月》：

暮云收尽溢清寒，银汉无声转玉盘。此生此夜不长好，明月明年何处看。

这样的月夜星辉，这样的相聚相伴，美好得不真实，短暂得像露珠、闪电。无怪乎苏轼在喜悦满足中又生出隐隐的不安：此生这样的夜色恐怕难以常有，明年的明月又不知和谁在何处共看。

此后，苏轼和弟弟苏辙犹如两叶浮萍，在宦海中飘零而散。前方，等待苏轼的是更加险恶的人生，更加跌宕的命运。

世事一场大梦

宋神宗元丰二年（1079年），随着变法如火如荼地展开，新旧两党的斗争也越来越水火不容。这年，44岁的苏轼被调任为湖州知州。上任后，他给宋神宗写了一封《湖州谢上表》，在谢表里发了一些牢骚。新党里早就有人看苏轼不顺眼，见此谢表，大喜过望，抓住把柄，立马上书弹劾他。他们还把苏轼的诗集找来，从中挑出他们认为隐含讥讽的诗句，罗织罪名，打算置苏轼于死地。这年七月二十八日，苏轼被御史台的官吏逮捕，押往京师，关进监狱。这就是著名的"乌台诗案"。

苏轼入狱后，亲友们多方展开营救。弟弟苏辙不仅全力照顾哥哥的家人，而且向皇帝上书请削免自己的官职来为哥哥赎罪。甚至连政敌王安石也上书替苏轼求情，说："哪有圣明之世杀才士的？"于是宋神宗最终决定饶苏轼不死，将其贬到黄州任团练副使。

苏轼余生的命运，基本上就是随着两党的失势、得势载沉载浮。旧党得势时，他便春风得意，一路做到接近宰相的职位；而新党得势时，他又被一贬再贬，连囚徒的待遇都不如。

晚年苏轼被流放到岭南惠州，途经赣州时，回忆起十八年前在徐州和苏辙中秋赏月的情景，心中生起万千感慨。他重新手书了《阳关曲·中秋月》，为当年的美好不复重来而唏嘘不已。

宋哲宗绍圣四年（1097年），年已62岁的苏轼被贬至荒僻的海南岛，那里缺衣少食、无医无药，生活相当清苦，但苏轼却不改乐天本色。在海南品尝到美味的牡蛎后，他得意扬扬地给儿子写信说："这里的牡蛎太好吃了，你可千万别让朝中的大人先生们知道，要不然他们都要争着跑到海南来和我抢牡蛎吃。"

不过，海南的贬谪到底是苦涩的，即便久惯吃苦的他，也不免心绪低沉，有人生如梦之感。初贬海南这年的中秋节，月色清冷，秋风萧瑟，苏轼不仅感受到强烈的寂寞，而且深刻体味到衰老无可阻挡的威力。他写下《西江月·中秋和子由》一词，词中满是消沉、颓丧：

世事一场大梦，人生几度秋凉。夜来风叶已鸣廊。看取眉头鬓上。

酒贱常愁客少，月明多被云妨。中秋谁与共孤光。把盏凄然北望。

有人认为此词作于苏轼被贬黄州时，词中"把盏凄然北望"，望的是神宗皇帝。但也有人认为这首词是苏轼晚年贬居海南之作，词中"把盏凄然北望"，望的是他此刻同样被贬天涯海角的亲爱的弟弟苏辙。

如果说这三首中秋词是苏轼人生的"三部曲"，那么，《水调歌头·明月几时有》可以命名为"希望"，《阳关曲·中秋月》可以称为"转捩"，而《西江月·中秋和子由》可以叫"苍茫"……由满怀希望而陡转直下，再至人生苍茫，可以说苏轼后半生的轨迹是一条抛物线，只在结尾处有个小小的回转。

这样的人生，称不上幸运，不过，苏轼一生都有挚爱的弟弟遥相守望，与他同呼吸、共命运，这份手足深情，不仅支撑他走过艰难岁月，而且成为他余生最美好的希冀。

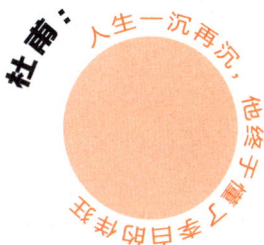

杜甫：人生一沉再沉，他终于懂了李白的挣扎

唐肃宗乾元二年（759年）秋天的一个夜晚，在中国西北边陲一座名叫秦州的山城里，一位中年男子在睡梦中突然惊醒——

这已经是第三个夜晚了，他连续多夜梦到自己的知交好友前来向自己倾诉人生的失意，并告诉自己他很怀念二人曾经在一起的美好日子。

醒来后，男子再难入睡，于是挑亮油灯，写下两首记梦之作：

其一

死别已吞声，生别常恻恻。
江南瘴疠地，逐客无消息。
故人入我梦，明我长相忆。
恐非平生魂，路远不可测。
魂来枫林青，魂返关塞黑。
君今在罗网，何以有羽翼？
落月满屋梁，犹疑照颜色。
水深波浪阔，无使蛟龙得。

其二

浮云终日行，游子久不至。
三夜频梦君，情亲见君意。
告归常局促，苦道来不易。
江湖多风波，舟楫恐失坠。
出门搔白首，若负平生志。
冠盖满京华，斯人独憔悴。
孰云网恢恢，将老身反累。
千秋万岁名，寂寞身后事。

　　这两首诗，也许是中国文学史上最深情的怀友诗，也是中国文学史上十分不寻常的一组诗。为什么说它们不寻常呢？因为这组诗的作者及其写作对象都不是普通人，而是中国诗坛上最耀眼的双子星——杜甫与李白，用诗人闻一多的话说，这是诗国中的月亮对太阳的思念！这组诗就是《梦李白二首》。

痛饮狂歌空度日

说起历史上感人肺腑的友谊，人们往往会想到钟子期和俞伯牙，管仲和鲍叔牙，其实杜甫和李白的友谊，也是一段流传千古的文坛佳话。

时间回到唐玄宗天宝三载（744年），在大唐的东都洛阳，杜甫与李白人生第一次相遇。此时，杜甫33岁，为了进入仕途，已经在洛阳徘徊两年而无果。而年长他11岁的李白，因为不甘心在皇帝身边做粉饰太平的文学侍从，刚刚辞去翰林供奉之职，离开长安，漫游到洛阳。二人一见如故，成为莫逆之交。

此时的杜甫虽有数百首诗歌傍身，但仍是无名之辈；而李白作为诗坛前辈，早已凭借才华名满天下。因此，在交游中，杜甫对李白充满了敬仰和倾慕。杜甫本是积极进取的儒家知识分子，却在追随李白的过程中，和喜爱道家的李白一起求仙访道，炼丹采药。二人从洛阳漫游到梁宋（今河南开封一带），又遇到另一位大诗人高适，三人结为诗文酒友，天天欢聚畅饮，骑马游猎，日子过得快活而逍遥。

时间来到第二年秋天，杜甫与李白又结伴同游山东，一起拜访了当地一位名叫范十的隐士。二人都曾在诗中记录过这一时期的生活，尤其是杜甫，满怀深情地写道："余亦东蒙客，怜君如弟兄。醉眠秋共被，携手日同行。"

然而，快乐的日子终有完结。度过这段朝夕相伴、情同手足的漫游时光后，二人走到了人生的岔路口。李白南下求道，毅然告别了"摧眉折腰事权贵"的官场；而杜甫则西入长安，开始了追求仕途的漫漫人生。分别之际，二人依依不舍，杜甫作《赠李白》一首，为这段生涯画上了句号：

秋来相顾尚飘蓬，未就丹砂愧葛洪。
痛饮狂歌空度日，飞扬跋扈为谁雄？

这首小诗形象地勾勒出李白狂放不羁、飞扬恣肆的神采气度，也隐隐表明了杜甫与李白在人生选择上的不同。虽然与李白一同度过了一段痛饮狂歌的快意生活，但怀揣儒家"致君尧舜上"理想的杜甫，还是更愿意以入世的姿态去追求并实现理想，此时他尚不能理解李白的"痛饮狂歌""飞扬跋扈"其实是梦想破灭后的痛苦放纵。

渭北春天树

杜甫与李白分别后，也许再未相见，也许曾在长安又有一次会面。李白性情洒脱，对友谊并无过多留恋，仅在离别后不久给杜甫写过一首思念之作《沙丘城下寄杜甫》：

> 我来竟何事，高卧沙丘城。
> 城边有古树，日夕连秋声。
> 鲁酒不可醉，齐歌空复情。
> 思君若汶水，浩荡寄南征。

据传，他还有一首写给杜甫的调侃之作《戏赠杜甫》，大概作于安史之乱前夕：

> 饭颗山头逢杜甫，顶戴笠子日卓午。
> 借问别来太瘦生，总为从前作诗苦。

李白总是那样潇洒与快活，仿佛世间没有什么能羁绊住他。相比之下，杜甫则情意绵长许多，与李白分别后，他一直对李白念念不忘，追思二人在一起的时光，怀念李白的点点滴滴。京城长安一直流传着"酒中八仙人"的瑰丽传说。李白、贺知章、李适之、崔宗之、苏晋、张旭、焦遂、汝阳王李琎八人，皆嗜酒狂放，卓尔不群，故人称"酒中八仙人"。杜甫不仅倾慕这八个人的风度，而且欣赏他们的才华与品格，故而根据传说作《饮中八仙歌》。其中，他写给李白的赞歌尤其生动：

> 李白一斗诗百篇，长安市上酒家眠。
> 天子呼来不上船，自称臣是酒中仙。

这首诗把李白的潇洒不羁、铮铮傲骨，描摹得神采飞扬，在后人对李白的浪漫想象中，杜甫此诗可能是最能激发想象力、最浓墨重彩的一笔。

其实，旅居长安的十来年中，杜甫的生活并不如意，他四处求人推荐自己，却并未碰到真正肯帮助他的人。"朝扣富儿门，暮随肥马尘。残杯与冷炙，到处潜悲辛。"这就是他的真实生活。因而，对于曾经地位悬殊却肯真诚待他的李白，杜甫一直满怀感念。困守长安的一个春日，杜甫前所未有地思念李白，他写下《春日忆李白》，倾吐对李白的情感：

白也诗无敌，飘然思不群。
清新庾开府，俊逸鲍参军。
渭北春天树，江东日暮云。
何时一樽酒，重与细论文。

在杜甫心中，李白的诗无可匹敌，清新如北朝的庾信，俊逸如南朝的鲍照。此刻他们二人，一个在渭北独对春天的新树，一个在江东眺望日暮的薄云，天各一方，却遥相守望。于是，杜甫无比渴望再有机会重新聚首，到时候，他一定要和李白举杯畅饮，还像以前一样细细探讨诗文。

文章憎命达

可是，此后余生，杜甫与李白并没有机会再相见，而杜甫始终关注着李白，关心着李白，并在诗中一次比一次强烈地倾吐对李白的理解和思念，直到生命的尽头。

天宝十四载（755年），安史之乱爆发。这是一场旷世浩劫，也是大唐由盛而衰的转折点。这场动乱，改变了无数人的命运，也包括李白和杜甫。

战乱爆发后，李白受邀加入永王李璘的幕府，天真地以为可以实现自己报国的理想，不料却卷入永王与唐肃宗的皇权之争。永王很快被唐肃宗剿灭，李白也以"附逆"之罪下狱，被判流放夜郎（今贵州桐梓），因在前往流放地的途中遇皇帝大赦天下，才被免罪放还。

杜甫在战乱中的遭遇并不比李白好。战争爆发后，杜甫先是被贼军抓了起来，关进长安，等他好不容易逃出城，投奔新皇帝唐肃宗，却在肃宗朝仅做了十几天左拾遗，就因上疏营救房琯而被皇帝贬斥。在新朝廷遭冷遇的杜甫，带着一家老小，四处逃难，过着流离失所的生活，于乾元二年（759年）秋，辗转漂泊到秦州（今属甘肃天水）。在这里，他听到了李白被流放夜郎又遇赦的消息。

杜甫内心无比悲愤，经过忠心反被贬逐的种种遭遇后，他对社会的黑暗有了更深的体察，对李白也有了更深的共鸣和同情。于是，他将情感诉诸笔端，为李白，也为自己写下一首首饱蘸血泪的动情诗篇。在《天末怀李白》中，他犀利地批判道："文章憎命达，魑魅喜人过。"大胆为李白鸣不平，也为自己一抒积郁。在《寄李十二白二十韵》中，他不怕受到牵连，勇敢表达对李白的欣赏："昔年有狂客，号尔谪仙人。笔落惊风雨，诗成泣鬼神。"连续多夜梦到李白，他忧心忡忡，于是有了本文开头那组《梦李白二首》。

这两首诗氤氲而有梦的气息。在第一首诗里，李白的生死显然令杜甫梦萦魂牵，让他担忧不已，怀疑梦里见到的李白已然化为鬼魂，再不是活生生的人。他千叮咛万嘱咐，唯恐李白在回去的路上失足落水，被蛟龙吞掉。而在第二首诗里，杜甫又对李白的命运表达了深切的关心，他揣摩着李白壮志难酬的凄凉，体味着李白与世相违的寂寞，越来越深地理解了李白放浪形骸背后的不甘与反抗。

不见李生久

宝应元年（762年），李白在安徽当涂病逝，当时，杜甫正流落西南，漂泊于蜀地。关山阻隔、音信不通，杜甫尚不知李白已去世，仍一心期盼好友晚年重返故乡蜀中，两人再一起把酒论文、促膝长谈，还写下一首《不见》，感怀李白：

不见李生久，佯狂真可哀。
世人皆欲杀，吾意独怜才。
敏捷诗千首，飘零酒一杯。
匡山读书处，头白好归来。

在这首诗里，杜甫最终意识到李白的"狂"，不是真狂，而是"佯狂"，故作癫狂，为的是在沧海横流的尘世保持一份特立独行的天真，保持一份"世人皆醉我独醒"的清醒。他为这位诗酒飘零的诗人献上了最真诚的欣赏和赞美，也由此成为李白真正的知己。

三国时的曹丕说："文人相轻，自古而然。"但杜甫和李白的友谊，打破了这种"相轻"的魔咒。作为中国历史上最伟大的两位诗人，他们的相遇本就像太阳与月亮的相逢，是一个奇迹。而更神奇的是，这太阳与月亮还成了旷世知己，他们不仅在文学的天空中交相辉映，而且以光明的人格、磊落的友谊，照亮世界，温暖彼此。尤其是杜甫，以一生的时光去阅读、理解李白，最浪漫的友谊，不过如此。

它是孟郊饱尝仕途失意、贫穷饥寒、漂泊离散之苦后的泣血之作，是一个"失败者"的悲歌，也是一个"不得志"之人在这个世界上拥有的最后的温暖。

说起写母爱的诗作，人们多会想起唐代诗人孟郊的名篇《游子吟》：

> 慈母手中线，游子身上衣。
> 临行密密缝，意恐迟迟归。
> 谁言寸草心，报得三春晖。

这首小诗明白如话，把母爱的真挚无私、子女的感激眷恋写得缱绻动人，千百年后仍催人泪下。很多人都知道这首诗是歌颂母爱的，但人们可能不知道，这首诗不仅包含对母亲的感激，还充满对身世的感慨。它是孟郊饱尝仕途失意、贫穷饥寒、漂泊离散之苦后的泣血之作，是一个"失败者"的悲歌，也是一个"不得志"之人在这个世界上拥有的最后的温暖。

春风得意马蹄疾

孟郊，字东野，湖州武康（今浙江德清）人。他自幼丧父，家境贫寒，兄弟三人皆由母亲裴氏一人含辛茹苦养大。正是在母亲的悉心教育下，孟郊长成了一个"色夷气清、可畏可亲"的人。

孟郊本是一个有超脱之志的人，并不特别醉心于功名。然而，在那个时代，孟郊成年后面临的困境是，如果他不去考进士、走仕途，就很难摆脱贫寒。于是，为了奉养母亲、照顾家人，身为长子的孟郊，在母亲的鼓励下一次次"奋战"在考场上。

孟郊初次参加进士考试是在什么时候，如今已不得而知。不过，他第二次参加进士考试时，已经四十一二岁了，而这次考试，他一败涂地，失望而归。之后，孟郊又第三次参加进士考试，依然名落孙山。至此，孟郊的情绪低落到了极点，不得不一边四处讨生活，一边寄情于山水，以抚慰伤痛的心。

也许是老天有心哀怜他，孟郊第四次到长安参加进士考试时，终于一鸣惊人，黄榜高中。此时，他已经46岁，即将进入垂暮之年。考中进士后，孟郊异常欣喜，心中多年的阴霾一扫而空。他写了一首《登科后》，表达当时的心情：

昔日龌龊不足夸，今朝放荡思无涯。
春风得意马蹄疾，一日看尽长安花。

唐代科举考试结束后，皇帝会组织新科进士参加"探花宴"。探花宴开始前，会在新科进士中挑选两位最年轻、最英俊的人充当"探花使"，遍访名园，采摘名花。如果有其他进士抢在探花使之前先采得牡丹、芍药等名花，探花使便要受罚。

孟郊此诗所写的"走马观花"的场景，便是参加"探花宴"的情形。想来，在没有登科的那些年里，孟郊一定饱尝冷暖，遍历炎凉，然而，今朝一旦金榜题名，过去的困顿、失意他都不想再提了。此时此刻的他，精神放松，心态轻盈，思绪飘扬，意气风发，在浩荡的春风中洋洋自得。他纵马疾驰，感觉一日之内便能赏尽长安的名花……

远客夜衣薄

登科是孟郊人生中的高光时刻，也是他人生极其得意、畅快的体验。然而，这样的绚烂时光在孟郊的一生中却十分短暂。事实上，他人生的绝大部分时光，都是泡在苦水中熬过来的。

孟郊曾在诗中无数次倾诉自己的失意，感慨自己的贫寒。他写自己家徒四壁，搬家时借车拉家具，家具居然比车还少："借车载家具，家具少于车。借者莫弹指，贫穷何足嗟。"他写自己因为家贫，吃不饱穿不暖，只能不停劳作："渴饮浊清泉，饥食无名蔬。败菜不敢火，补衣亦写书。"后来他做了官，却依然没有摆脱贫穷的阴影，官俸没到手时，他还是过着典衣买酒以暖身的生活："官给未入门，家人尽以灰。意劝莫笑雪，笑雪贫为灾。为暖此残疾，典卖争致杯。"

孟郊还饱尝"白发人送黑发人"的不幸。他有三个儿子，都在他晚年时相继夭折，这让孟郊悲痛欲绝："一闭黄蒿门，不闻白日事。生气散成风，枯骸化为地。负我十年恩，欠尔千行泪。洒之北原上，不待秋风至。""儿生月不明，儿死月始光。儿月两相夺，儿命果不长。如何此英英，亦为吊苍苍。甘为堕地尘，不为末世芳。"

为了谋生卑躬屈膝地四方奔走，对孟郊来说更是家常便饭。在坎坷的一生里，他从来没有真正结束漂泊，"游子"可以说是命运强加给他的"印记"。"驱车旧忆太行险，始知游子悲故乡。"漂流异乡的生活艰险、苦涩，让他常常思念故乡，并哀叹不止。而牵系他与故乡之间的感情纽带，不是别的，正是母亲在其远游时为他缝制的衣衫。

孟郊曾在诗文中反复书写自己身为"游子"衣单影寒的悲伤——"商山风雪壮，游子衣裳单。""影孤别离月，衣破道路风。""秋风游子衣，落日行远道。""远客夜衣薄，厌眠待鸡鸣。""长为路傍食，著尽家中衣。""岁新月改色，客久线断衣。"……对孟郊来说，衣服不仅寄托着乡愁和亲情，而且寄托着饱暖富足的希望，是他宦游在外最温暖的物什和念想。

谁言寸草心，报得三春晖

长久的苦难之后，科举中第曾令孟郊精神一振。然而，命运在偶尔垂青他一次后，又迅速对他关上了幸运的大门。孟郊考中进士，是在46岁那年，而他被授予官职已经是在四年之后了。此时孟郊已经是50岁的将老之人，并且他所授的官职——溧阳（今江苏溧阳）县尉极其低微，是真正的"九品芝麻官"。

对于这样的官职，孟郊自然不太满意，然而比起一贫如洗的平民生活，有官做、有俸禄领，不再居无定所，还是让生活安稳了不少。于是，上任后不久，孟郊决定把母亲接到任职的处所，悉心奉养，以尽孝道。《游子吟》就是此次迎接母亲时所写的诗，原诗标题下曾有作者自注：迎母溧上作。

"儿行千里母担忧"，做了多年四海漂泊的"游子"，过了无数浮萍一样的日子，孟郊一想到母亲，就是她在灯下为自己细细密密缝制出行穿的衣服的身影。施蛰存先生解读《游子吟》时曾指出：古代有民俗，家中之人远游时，母亲、妻子为其缝制衣衫，针脚越细密，远游之人就能越早归家。母亲为孟郊缝制衣服，下针又密又紧，一方面是担心他迟迟不归，另一方面就是担心他远行在外衣服不耐穿。正是从这一针一线的细微处，孟郊体会到母亲对自己深深的爱意和牵挂。

也许是因为这样熟悉的场景在过去的岁月中发生了无数次；也许是因为自己一直没能谋得一官半职，

以回报母亲的辛苦，故而"成功"姗姗来迟后，孟郊在迎来这个报答母亲的机会时，既感到欣慰，又感到遗憾，还怀着深深的愧疚。他感慨自己报恩的孝心就像那微不足道的小草一样，而母亲的恩情却像三春的暖阳，普照大地，不求回报，慈爱又深沉。

慈亲倚堂门，不见萱草花

其实，孟郊不止为母亲写过一首诗，他还有一首《游子行》诗也很有名："萱草生堂阶，游子行天涯。慈亲倚堂门，不见萱草花。"（一说作者为聂夷中。）萱草，又名"忘忧草"，是古代的"母亲花"。在这首诗里，诗人转换视角，从母亲的感受出发，书写了另一种母爱——永远为儿女守望、等候的博大情怀。

受孟郊影响，后世不少诗人都写过歌颂母爱的名篇。唐代李商隐有《送母回乡》诗："停车茫茫顾，因我成楚囚。感伤从中起，悲泪哽在喉。慈母方病重，欲将名医投。车接今在急，天竟情不留。母爱无所报，人生更何求！"元代王冕有《墨萱图》诗："灿灿萱草花，罗生北堂下。南风吹其心，摇摇为谁吐？慈母倚门情，游子行路苦。甘旨日以疏，音问日以阻。举头望云林，愧听慧鸟语。"

清代，在《游子吟》诞生的地方——溧阳，亦有两位当地诗人——史骐生和彭桂，模仿孟郊写下了感怀父母的动人诗句——"父书空满筐，母线萦我襦。""向来多少泪，都染手缝衣。"这两位诗人影响力虽不及孟郊，他们的诗却是《游子吟》跨越时空的回响。

很多时候亲情就像空气、阳光和水，我们须臾离不开它，却很少感受到它的存在，甚至不常怀有感恩之心。孟郊的《游子吟》，把人们司空见惯的母爱，以具体而形象的方式，带回我们的心灵，让我们重新发现母爱的无私、无我和恒温。这首诗不是少年的"为赋新词强说愁"，而是一个中年人历尽沧桑后，从忧患深处领悟的亲情的可贵。慈母用手中的针线，缝出为他抵挡人世风霜的衣衫。这衣衫，是他的软肋，也是他的盔甲。

第三章 ● 温暖与爱是牛肉丸Q弹美味的终极调料

调味

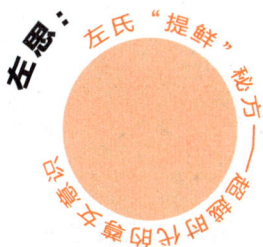

左思虽然貌丑，却是个人品正直、才华横溢、富有智慧的人，而且他重情重义，对家人满腔温柔，并把柔情都倾吐在他写给妹妹、女儿的诗文中。

西晋文学家左思，是一个外貌丑陋的人。《世说新语·容止篇》讲过一个小故事：和左思同时代的潘岳是个美男子，风神潇洒，年轻时携着弹弓走在洛阳的大道上，女子们看到他，无不手拉手把他团团围住。而左思以丑著称，有一次，他也学着潘岳的样子出门游荡，结果来到大街上，连老妇人见了他都纷纷向他吐唾沫。最后，左思只好灰溜溜地逃回了家。

这个故事当然是小说家言，并不可信，因为在另一个相似的版本里，"东施效颦"的主角不是左思，而是同时代另一位文学家张载。不过，左思长得不好看，也是事实。正史《晋书》中就明确写了他长相丑陋，还不注意仪表打扮，而且笨嘴拙舌，非常木讷，这在注重外表、风度、清谈口才的魏晋人眼中，是大大的硬伤。

不过，左思虽然貌丑，却是个人品正直、才华横溢、富有智慧的人，而且他重情重义，对家人满腔温柔，并把柔情都倾吐在他写给妹妹、女儿的诗文中。

郁郁涧底松

左思出身寒门，他的父亲左熹最初是个小吏，后来因为才能出众被提拔为七品的殿中侍御史。在重视门阀的魏晋时代，这样的出身很难有机会跻身上流。而左思不仅外表不佳，天赋也很有限。年轻时，他学过书法、弹琴，都没有学好。他的父亲也不太看好他，曾对朋友说："左思对事物的理解，还不如我小时候深刻。"左思听到，心里很不是滋味，从此更加发愤学习，刻苦攻读。

不过，左思也有一项过人之处，那就是文学才华。他不喜欢跟人交往，平日深居简出，时间都用来读书、作文。他花了一年的时间创作《齐都赋》，完成后，又计划创作描写魏都、蜀都、吴都的《三都赋》。为了收集资料，他亲自到洛阳拜访当时的文学家张载，请去过蜀地的张载为他讲述那里的风土人情。为了构思文章细节，他在屋内外、篱笆旁、厕所里都放置了纸笔，每想出一句话，就立刻记录下来。就这样，经过十年的艰苦创作，《三都赋》一问世就轰动文坛。人们纷纷传抄这部旷世奇作，一时间洛阳的纸都供不应求，价格被提升了不少，成语"洛阳纸贵"就来源于此。

不过，虽然凭借《三都赋》一举成名，但左思寒士的身份还是极大地阻挠了他的仕途发展。在"上品无寒门，下品无势族"的时代背景下，左思胸怀大志，才华出众，却一生都没有得到施展抱负的机会。怀着愤郁的心情，他创作了八首《咏史》诗，借古讽今，将一生的失意都倾注在诗中，其中第二首写道：

> 郁郁涧底松，离离山上苗。
> 以彼径寸茎，荫此百尺条。
> 世胄蹑高位，英俊沉下僚。
> 地势使之然，由来非一朝。
> 金张藉旧业，七叶珥汉貂。
> 冯公岂不伟，白首不见招。

郁郁葱葱的高大松树生长在山涧底下，新抽枝的青青树苗生长在山顶上。尽管松树比小苗挺拔魁梧许多，但山上寸把粗的小苗还是凭借地势，遮盖住了百尺高的劲松。这就像社会的不公——贵胄因为家世显赫一直占据上位，而英才因为出身贫寒沦落下层。这是不平等的地位造成的现实，这样的现象也不是一朝一夕才形成的。历史上，汉代的金日磾和张汤两个家族，凭借祖先的功业，七代都在朝廷做高官。与他们相比，冯唐难道没有卓越的才能吗？但直到头发白了他都没得到重用。这也正是左思自己命运的写照。

其思伊何，发言流泪

左思在政治上无比失意，但他是个心胸宽广、豁达开朗的人，并没有因此而消沉，也没有因此降低品格依附权贵。与此同时，他还是个十分珍视亲情的人，对妹妹、女儿都温情脉脉。

左思的妹妹名叫左棻，字兰芝，比左思小十岁。二人早年丧母，互相扶持长大，因此感情异常深厚。和左思一样，左棻也是个远近闻名的才女。晋武帝听说她的才名后，把她选入后宫，后来封为贵嫔。

左棻入宫后，左思身为皇亲国戚也移居京城洛阳。在宫中度过漫长的两年时光后，左棻无比思念家人，尤其思念哥哥左思。于是，她写下一篇《离思赋》，表达骨肉分离的哀伤，赋中有言："惟屈原之哀感兮，嗟悲伤于离别。彼城阙之作诗兮，亦以日而喻月。况骨肉之相干兮，永缅邈而两绝。长含哀而抱戚兮，仰苍天而泣血。"

左思读到妹妹的赋，也很伤感，于是回赠诗作两首，这就是《悼离赠妹诗二首》：

其一
……
峨峨令妹，应期挺生。如兰之秀，如芝之荣。

……
惟我惟妹，寔惟同生。早丧先妣，恩百常情。

……
何悟离拆，隔以天庭。自我不见，于今二龄。
岂唯二龄，相见未克。虽同京宇，殊邈异国。
……

其二
穆穆令妹，有德有言。才丽汉班，明朗楚樊。

……
其思伊何，发言流泪。其痗伊何，寤寐惊悸。
咏尔文辞，玩尔手笔。执书当面，聊以永日。

这两首诗感情真挚，催人泪下，可谓写亲情的名篇。在这两首诗里，左思深情赞颂了妹妹的才华和品德，认为她"如兰之秀，如芝之荣"，是幽兰一样内秀、芝草一样美好的女子，可媲美历史上著名的才女班昭、贤妃樊姬——"才丽汉班，明朗楚樊"。他回顾了自己和妹妹自丧母以来，互相帮扶成长结下的不同寻常的感情，感慨自妹妹进宫以后，两人虽同住京城，却像远居异国一样再没有相见的机会。因此读到妹妹的《离思赋》，玩味着妹妹的文辞，左思无比悲伤，睡梦中都惊悸不已，眼泪止不住地往下流。

说来令人唏嘘，左棻虽然有才，但和哥哥左思一样外貌不佳，因此她在宫中并不受宠，48岁就抑郁而终。妹妹的早逝，想来应是左思一生的伤痛。

吾家有娇女，皎皎颇白晳

左思并没有因为妹妹是女子，而忽视她的才华和价值，这在重男轻女的封建时代，是相当超前的思想和观念。而左思超越时代的精神，还体现在他对待两个女儿的态度上。左思有两个儿子和两个女儿，他的两个儿子从未出现在他的诗文里，而两个女儿却因为他的一首《娇女诗》为世人所熟知，并且成为文学里的经典形象。

吾家有娇女，皎皎颇白皙。
小字为纨素，口齿自清历。
鬓发覆广额，双耳似连璧。
明朝弄梳台，黛眉类扫迹。
浓朱衍丹唇，黄吻烂漫赤。
娇语若连琐，忿速乃明集。
握笔利彤管，篆刻未期益。
执书爱绨素，诵习矜所获。
其姊字惠芳，面目粲如画。
轻妆喜楼边，临镜忘纺绩。
举觯拟京兆，立的成复易。
玩弄眉颊间，剧兼机杼役。
从容好赵舞，延袖象飞翮。
上下弦柱际，文史辄卷襞。
顾眄屏风书，如见已指摘。
丹青日尘暗，明义为隐赜。
驰骛翔园林，果下皆生摘。
红葩缀紫蒂，萍实骤柢掷。
贪华风雨中，眒忽数百适。
务蹑霜雪戏，重綦常累积。
并心注肴馔，端坐理盘鬲。
翰墨戢闲案，相与数离逖。
动为垆钲屈，屡屡任之适。
止为荼荈据，吹嘘对鼎立。

脂腻漫白袖，烟熏染阿锡。

衣被皆重地，难与沉水碧。

任其孺子意，羞受长者责。

瞥闻当与杖，掩泪俱向壁。

　　左思的大女儿叫左芳，小名"惠芳"；小女儿叫左媛，小名"纨素"。写这首诗时，两个女儿正是天真烂漫的年龄，从诗题"娇女"二字，可知左思对两个女儿娇宠无比。左思的两个女儿都长得白皙可爱，活泼明丽。小女儿纨素喜欢模仿大人的样子梳妆打扮，却因为手法笨拙，把眉毛画得像扫帚扫过一样粗，把嘴涂得一片赤红。她说话娇滴滴的，语速很快，生气的时候暴跳如雷。她喜欢拿着红管的毛笔写字，但写得随心所欲。她还喜欢拿着白绢做的书读，稍微懂点什么就四处夸耀。她的姐姐惠芳，眉目如画，光彩照人，比妹妹成熟一些，更加爱美，妆已经化得像模像样，有时候照镜子入了迷，竟然忘了纺织做女红。她能歌善舞，跳舞时长袖翩翩，好像鸟翅飞动。她奏乐调弦专注起来，常常把书籍卷起来丢在一边。她和妹妹一样调皮自信，比如偶尔瞟了一眼屏风上的旧画，还没看清楚，就敢指指点点批评起来……

　　这是中国文学史上最早专门以儿童为题材的诗歌，

通过左思生动形象的描写，我们能感受到他对女儿深深的爱意。因为爱女儿，他没有压抑她们的天性，而是任她们自由生长。在男尊女卑的时代，他也没有以"三从四德"的教条来拘束她们，而是让她们保留了孩童的天真。即便她们因为调皮要受责罚，左思也是带着温情来描写她们抹泪的样子。不能不说，他对女儿是真心宠爱。自从左思开了写儿童诗的先河，后世陶渊明、杜甫、白居易、李商隐等都留下了描写儿童的名篇，世间小儿女从此在文学上有了自己稚嫩明亮的声音和形象。

也许，左思是一个错生在古代的现代人吧。在以美为尊、以贵为尊的魏晋，他并不起眼，但他对女性的尊重，对亲人的温情，透过诗文，让千年之后的我们也为之动容。有情、深情，这正是左思赢得人们喜爱的原因。

以情感情，以心换心，也许，这就是友谊最动人的地方。而把离别之际的眷态真诚地倾吐出来，寄托在诗意中，这正是送别诗最治愈心灵的魅力。

大唐天宝初年，一个秋日的清晨，天刚蒙蒙亮，润州（今江苏镇江）西北长江边的芙蓉楼上，两位客人举杯痛饮，

依依不舍地说着告别的话。昨夜这里刚下过一场清冷的寒雨，此刻空气里满是凉意，秋云低沉地缭绕于天边的山峦，令群山蒙上一层孤寂的寒意。

客人中的一位名叫辛渐，不久，他即将登舟北上，前往东都洛阳；而客人中的另一位，就是大名鼎鼎的诗人王昌龄，他是辛渐的好友，此时任职于江宁（今江苏南京），在辛渐离开润州之际，特地来与朋友饯别。

离别的酒喝了一杯又一杯，人却越喝越清醒；离别的话说了一筐又一筐，心里的痛却还是说不出。眼看兰舟催发的时间已到，两人还是怅怅的，似有万千情绪要倾吐，最后只化为双手的轻轻一握——万水千山，就此别过！

这次伤感的送别，被王昌龄忠实地记录在名为《芙蓉楼送辛渐》的两首诗里：

其一

寒雨连江夜入吴，平明送客楚山孤。
洛阳亲友如相问，一片冰心在玉壶。

其二

丹阳城南秋海阴，丹阳城北楚云深。
高楼送客不能醉，寂寂寒江明月心。

这组诗中的第一首后来成为家喻户晓的名作，尤其"洛阳亲友如相问，一片冰心在玉壶"，是诗中名句，千古流传。

这也许是王昌龄最著名的一首送别诗，但不是他唯一动人的送别诗。事实上，有"诗家天子""七绝圣手"美称的王昌龄，一生游历广泛，酷爱交友，并且在与这些朋友的往来中留下了大量清新真挚的作品。"青山一道同云雨，明月何曾是两乡""忆君遥在潇湘月，愁听清猿梦里长""宝刀留赠长相忆，当取戈船万户侯"……都是他的清词丽句。可以说，王昌龄一生最珍重的情感，就是友情；一生最深沉感人的作品，就是与朋友分离之际所作的赠别诗。

洛阳亲友如相问，一片冰心在玉壶

在王昌龄流传至今的 170 多首诗歌中，送别诗就占了三分之一，其中七言绝句接近 30 首，这个数量在唐代诗人中蔚为壮观。

和盛唐时期的很多诗人文士一样，王昌龄热衷于四方游历，广交好友。年轻时，他曾怀着满腔热血来到西域，见过大漠风沙，听过胡琴羌笛，留下"黄沙百战穿金甲，不破楼兰终不还""但使龙城飞将在，不教胡马度阴山"这样豪情万丈的边塞绝句。

踏入仕途后，王昌龄依然热情爽朗，交往的朋友都是一时豪俊。他和诗人孟浩然性情相投，友谊维持终生；他与当时文坛上第一流的大诗人——李白、高适、王之涣、李颀等也是好友，留下"旗亭画壁"这样的文坛佳话；此外，他与綦毋潜、刘晏、辛渐、魏二等人也有深厚的交情。这些朋友，在他人生的高光时刻，与他共享荣耀；在他人生的低谷时期，与他共担忧愁和沉重。

王昌龄虽出身贫贱，但才华横溢。他于开元十五年（727年）进士登第，后又考中博学宏词科，被授予氾水县县尉的职务。这样的仕途经历还算顺风顺水，然而，开元后期，随着奸相李林甫日益受到唐玄宗宠信，朝中的政局越来越黑暗，正直人士也越来越受到排挤。王昌龄因为与贤相张九龄关系亲近，被揪住把柄，先是被贬谪到了荒僻的岭南，后又被改任为江宁丞。

因为心中有所不满，王昌龄不免表现出放浪形骸的姿态。在前往江宁上任的路上，他故意拖延时间，在洛阳一住就是半年。在洛阳，他与綦毋潜、李颀、刘晏等人意气相投，日日痛饮狂歌。到了江宁以后，他又消极怠工，每天只是游山玩水。这种意气用事的行为，为他招来别人的议论，诽谤之声不绝于耳。

其实，消极怠工只是表象，而放纵行为的深层原因，是王昌龄不愿与李林甫之徒同流合污。因此，在润州送朋友辛渐回洛阳时，王昌龄猜测那里的亲友——綦毋潜、李颀、刘晏等人，应该也听说了有关他的风言风语。为了消除亲友们的担心，也为了表明自己心地清白、矢志不渝，王昌龄在《芙蓉楼送辛渐》中写下"洛阳亲友如相问，一片冰心在玉壶"这样的诗句以明志。

莫道弦歌愁远谪，青山明月不曾空

王昌龄对待朋友真诚、热情，有一颗赤子之心。被贬岭南时，他途经巴陵（今湖南岳阳），在那里与谪仙李白相逢。二人一见如故，携手同游。他们洞庭泛舟，春风共语，度过了一段快乐的时光。分别之际，王昌龄留下一首动人的《巴陵送李十二》：

摇曳巴陵洲渚分，清江传语便风闻。
山长不见秋城色，日暮蒹葭空水云。

同是在湖南，王昌龄还与一位名叫薛大的朋友来往密切。这位朋友是什么身份，今天已经不能详细得知了。不过，王昌龄对他同样情深义重，在送薛大前往安陆的离别宴上，王昌龄饱蘸惆怅，写下对这位朋友的眷恋和不舍：

津头云雨暗湘山，迁客离忧楚地颜。
遥送扁舟安陆郡，天边何处穆陵关。

而关于王昌龄和孟浩然的交谊，则是一段格外动人的故事：王昌龄从岭南贬谪之地放还时，途经孟浩然的故乡襄阳。王昌龄自然不会不去拜访这位老友，而孟浩然见到王昌龄，也是大喜过望。当时，孟浩然背上生了毒疮，本来已经快要痊愈了，但因为遇到故人心情大好，他忍不住纵情宴饮，结果吃多了河鲜，毒疮复发，竟然与世长辞了。孟浩然的去世，令王昌龄悲痛万分，然而当时他受朝廷之命催促，行路匆忙，竟然没能给老友写下只言片语以作悼念。这场无声的告别，成为王昌龄一生最沉痛的记忆。

之后，王昌龄又遭遇了各种风雨。在江宁丞任上待了几年后，他再次因不肯与官场合作而获罪，被贬到偏远的龙标（今属湖南洪江）。不过，王昌龄不愧是书写"盛唐气象"的豪迈诗人。面对噩运，他没有一味消沉，除了偶尔在诗中流露略显低沉的情绪，其余大部分时间他都该吃吃，该喝喝，该交朋友交朋友，以干云的豪气乐观面对逆境。"忆君遥在潇湘月，愁听清猿梦里长""酒酣不识关西道，却望春江云尚残"……他这一时期写给朋友的诗，虽然不乏幽怨色彩，但都点到即止，确实如后世诗评家所说："优柔不迫，怨而不怒。"

谪居龙标的一个夏夜，沅溪边凉风习习。王昌龄和一群新交的朋友一起，坐在竹丛里痛饮高歌，还写下《龙标野宴》一诗记录此刻的欢畅：

沅溪夏晚足凉风，春酒相携就竹丛。
莫道弦歌愁远谪，青山明月不曾空。

是啊，远谪边荒有什么好愁眉苦脸的呢？那凉风春酒，那青山明月，不还是永恒的吗？不依旧实实在在地陪伴在自己身边吗？

沅水通波接武冈，送君不觉有离伤

贬谪龙标期间，王昌龄身边环绕着大批欣赏他的朋友，其中有一位名叫柴阅。柴阅比王昌龄年轻不少，出身名门，曾在刘巨麟的幕府任监察御史，故人称"柴侍御"。因刘巨麟贪赃被察，柴阅受到牵连，此时也被贬到了龙标。不过，柴阅在龙标只待了很短一段时间，就受到宽赦，改任到武冈（今湖南邵阳）。告别这位好友时，王昌龄写下著名的《送柴侍御》一诗为他送行：

沅水通波接武冈，送君不觉有离伤。
青山一道同云雨，明月何曾是两乡。

送别之诗总是难免"黯然销魂"，但这首诗却写得十分豁达，有种烟云氤氲的轻盈。为什么"送君不觉有离伤"呢？一方面是因为柴阅的改任属于"量移"，是得到皇帝的恩赦之意，故而王昌龄为朋友由衷感到高兴；另一方面是因为，龙标和武冈虽然被青山阻隔，但有一条沅江一衣带水，牵系着两地，牵系着二人的心。而且，武冈和龙标之间离得并不算远，隔着一道青山，云雨都能共同沐浴。于是王昌龄感叹：当明月升起，对月怀远，天涯共此时，朋友又何曾真正别离！

想来，王昌龄此时正处于贬谪中，他身边的朋友应该也都不太得志。因此，"青山一道同云雨，明月何曾是两乡"，除了抒发对朋友的留恋之情，还包含劝慰之意——不管发生什么，不管遇到什么困难，"我"都愿与你风雨同舟、共度时艰。正是这种坚贞的友谊、坚定的决心，让人们在欣赏此诗时，受到深深的感动。

对王昌龄来说，朋友是他一生最难割舍的牵绊，也是他失意时最大的安慰。也许因为对朋友倾注了太多真诚与友爱，王昌龄也收获了朋友的爱戴和关心。就在王昌龄惨遭贬谪、远行龙标的那个暮春的夜晚，一位朋友也心心念念记挂着他，为他写下缠绵的相思之作："杨花落尽子规啼，闻道龙标过五溪。我寄愁心与明月，随君直到夜郎西。"这首同样清新真挚的诗就是《闻王昌龄左迁龙标遥有此寄》，它的作者不是别人，正是大诗人李白。

以情感情，以心换心，也许，这就是友谊最动人的地方。而把离别之际的眷恋真诚地倾吐出来，寄托在诗意中，这正是送别诗最治愈心灵的魅力。王昌龄的一生，践行了他对朋友的承诺，他的送别诗，是一首首赞歌，歌唱爱，歌唱人间清风朗月般的襟怀与情义！

王维其人，美好有余，谐趣不足。然而，在裴迪面前，他好像忘掉了紧张，忘掉了严肃，甚至能卸下庄重，不时流露出快乐与童心。

王维：辋川山水合伙人，会玩才是正经的事

王维是唐代著名的山水诗人，信仰佛教，性情恬淡，诗歌富有禅意，故有"诗佛"之美称。他还是著名的音乐家、画家，技艺一流。后世苏东坡见过他的《蓝田烟雨图》，极美，因此留下千古至论："味摩诘之诗，诗中有画；观摩诘之画，画中有诗。"

王维生活在盛唐，一生大部分时光都比较平顺，属于上天眷顾的骄子。然而他一生深交的朋友似乎不多，只有綦毋潜、祖咏、孟浩然等数人。不过，在这屈指可数的朋友中，他与裴迪关系极不寻常，二人往来密切，甚至到了可以托付生死的程度。

多思曩昔，携手赋诗

王维和裴迪的友情比较特别。

裴迪比王维小近 20 岁，两人算是忘年交。他们初识时，王维 43 岁，已到中年，而裴迪还是个 26 岁的青年。年龄相差如此悬殊的两个人是怎样走到一起的呢？说法之一是，王维与裴迪的哥哥裴回有交情，某次，裴回生了重病，预感到自己命不久矣，想请王维执笔为自己写一篇墓志铭，于是派人去找王维商议。而派去的这个人，正是弟弟裴迪。

当时，王维正在终南山的家中休假。裴迪跋山涉水来到山中，拜访王维。见到裴迪，王维对这个丰神俊朗、言谈不俗的青年颇有好感，当即请他留宿长谈。再听他说明来意，王维毫不犹豫地答应为裴回写墓志铭。

不久后，裴回去世，王维如约为他作铭。这篇墓志铭情真意切，一读就知道用了心思，对此，裴迪不可能不感动。于是二人结为朋友，开始密切往来。

王维和裴迪不只年龄悬殊，地位差别也很大。初识时，王维已是颇有资历的朝廷中级官员，俸禄虽不丰厚，但他年少成名，在文坛享有众星捧月的地位。而裴迪只是一个年轻的无名后生，虽出身名门，但家道早已中落，长兄裴回去世后，留下几个年幼的弟弟，日子过得清贫艰难。

不过，外在的差距并没有影响王维和裴迪的友谊。王维信奉佛教，热爱恬淡自由的隐居生活。巧的是，裴迪也喜欢参禅打坐，向往平静淡泊的生活。二人性情、旨趣十分投缘。只是，裴迪此时血气方刚，正是该走仕途的年龄，再加上他家境贫寒，没有财力购置山庄，故而他不可能像王维一样隐居遁世。

天宝二年（743年）夏，裴迪在家刻苦攻读，为即将到来的府试和进士考试做准备。这年秋，他顺利通过府试，成为秀才。后来，王维给裴迪写了很多诗文，标题中多次以"裴秀才迪"相称，就因为他考中过秀才。

裴迪在为考试积极准备，此时好友王维在做什么呢？他在忙着装修自己的新别墅，以及——思念裴迪。这年夏天，王维购买了一座别墅，名叫"蓝田别墅"。这座别墅本是前辈诗人宋之问的旧居，位于辋川谷口。王维以不高的价格买到这座荒芜已久的宅子，立马兴致勃勃地装修起来。

严冬将至，蓝田别墅装修得差不多了。王维很想邀请裴迪到新居来玩，顺便游览山水。然而，裴迪正在一遍一遍温习经文，准备应考，王维实在不便打扰。于是，他托一位进山采黄檗的人捎了封书信给裴迪。这封信把辋川的景致描写得美不胜收，更把对裴迪的思念寄托在字里行间，这就是中国文学史上著名的山水美文《山中与裴秀才迪书》：

近腊月下，景气和畅，故山殊可过。足下方温经，猥不敢相烦，辄便往山中，憩感配寺，与山僧饭讫而去。北涉玄灞，清月映郭。夜登华子冈，辋水沦涟，与月上下。寒山远火，明灭林外。深巷寒犬，吠声如豹。村墟夜舂，复与疏钟相间。此时独坐，僮仆静默，多思曩昔，携手赋诗，步仄径，临清流也。当待春中，草木蔓发，春山可望，轻鲦出水，白鸥矫翼，露湿青皋，麦陇朝雊，斯之不远，倘能从我游乎？非子天机清妙者，岂能以此不急之务相邀。然是中有深趣矣！无忽。因驮黄檗人往，不一，山中人王维白。

复值接舆醉，狂歌五柳前

不过，裴迪这次考试并没有考中。后来，他在科举方面也一直不顺利，最终止步于"秀才"。没有考中进士，便没有做官的机会，这对裴迪来说，是一种不幸，然而对中国文学来说，这可能是件幸事。

因为没能通过科举入仕，再加上兄弟中有人获得恩荫做了官，家境好转，裴迪便在辋川也买了座山居，安心陪王维过起了隐逸生活。裴迪的山居虽跟蓝田别墅没法比，但也清幽怡人，并且离王维家很近，二人来往十分方便。

蓝田别墅依山傍水，风景绝美。王维的房舍近旁便是溪流，竹林花坞映带左右。他买了小舟放在溪中，与裴迪浮舟往来，弹琴赋诗，啸咏终日。孟城坳、华子冈、鹿柴、木兰柴、竹里馆、辛夷坞、漆园……是辋川的风景胜地，王维与裴迪常携手游赏。每到一个景点，王维便以地名为题作诗一首，而裴迪则以相同的标题和诗一首。如此，王维作诗 20 首，裴迪便和了 20 首。这 40 首诗后来结集为《辋川集》，把辋川最美的山水收进诗卷，也把两人的友谊写入青史。

"空山不见人，但闻人语响。返景入深林，复照青苔上。""木末芙蓉花，山中发红萼。涧户寂无人，纷纷开且落。"这是王维笔下的鹿柴、辛夷坞……"日夕见寒山，便为独往客。不知深林事，但有麏麚迹。""绿堤春草合，王孙自留玩。况有辛夷花，色与芙蓉乱。"

这是裴迪笔下的鹿柴、辛夷坞……有人认为裴迪的诗与王维相比，青涩得像学生习作。不过，无法否认的事实是：正是在裴迪的陪伴下，王维迸发出强烈的创作灵感，并由此写出中国山水诗中最空灵的作品。

王维其人，美好有余，谐趣不足。然而，在裴迪面前，他好像忘掉了紧张，忘掉了严肃，甚至能卸下庄重，不时流露出快乐与童心。

寒山转苍翠，秋水日潺湲。
倚杖柴门外，临风听暮蝉。
渡头馀落日，墟里上孤烟。
复值接舆醉，狂歌五柳前。

在这首《辋川闲居赠裴秀才迪》里，王维除了一如既往地描写辋川的秀丽景色，竟难得地跟裴迪开起了玩笑。想来，裴迪到底是个活力四射的年轻人，酒喝多了，难免会说点大话、狂话。然而，在王维眼里，这样的率真、任性却是一种可爱。于是，他听着裴迪醉后的狂歌，不但没有生气，反而把自己比作"五柳先生"陶渊明，调侃裴迪像楚国的狂人接舆。

就这样，在辋川闲居的日子里，王维写下的最动人的诗文中，几乎篇篇有裴迪的影子；而裴迪传世的28首诗，除了一首，其他全部与王维有关。

也许，我们应该感谢裴迪。若没有裴迪的落榜，中国诗歌宝库中可能会少几十首最美的山水诗。

安得舍罗网，拂衣辞世喧

日子如果这样细水长流地过下去，无疑是幸福的。然而，造化弄人，圆满难遇。天宝十四载（755年），安禄山起兵反唐。这场浩劫改变了大唐的历史，也改变了王维与裴迪的命运。

安禄山的军队长驱直入，迅速占领了北方大部分地区，并在洛阳称帝。不久后，安禄山兵临长安。唐玄宗仓皇逃往四川避难，丢下官员、百姓留守空城。安禄山攻破长安后，大肆劫掠，许多官员没来得及逃出去，成为贼军俘虏，王维不幸也在其中。

安禄山把俘虏来的大臣、宦官、宫女分批押往洛阳。王维也被抓到洛阳，囚禁于菩提寺中。安禄山逼迫官员们接受"伪职"，其中给王维的任命便是"给事中"。在伪朝廷中做伪官，不仅是叛国大罪，还是德行中的大污点，对于信奉"忠君爱国"的士大夫来说是奇耻大辱。为了避免接受伪职，王维假装得了说不出话的疾病，还想方设法搞到一种拉肚子的药，吃下去后上吐下泻，为的是让看守他的人放松管制，好趁机逃走。然而，这些举动最终都以失败告终。安禄山下令说，谁敢不从，立马杀掉！无奈之下，王维被迫接受了伪职。

这年秋天，安禄山在洛阳凝碧池大宴群臣，席间命令抓来的梨园乐工为他们奏乐助兴。乐工们都以泪洗面。一位名叫雷海清的乐工誓死不从，还向着长安的方向恸哭不止。贼兵就把他捆绑起来，残忍地杀害。听说此事的人无不伤心落泪。

王维在菩提寺中度日如年，然而他不知道的是，他的知交好友裴迪此时也在洛阳。裴迪只是一个平民，没有引起叛军的注意，因此尚有一定行动的自由。打听到王维的囚禁之所后，裴迪冒死前来与他相见。听裴迪讲了凝碧池上发生的惨剧，王维泪如雨下，当即口述一首诗："万户伤心生野烟，百僚何日更朝天。秋槐叶落空宫里，凝碧池头奏管弦。"没想到，这首诗后来竟救了王维一命。

"安史之乱"稍稍平定后，唐朝收复了洛阳和长安，王维等官员也被营救出来。不过，等待他们的不是掌声和欢笑，而是新皇帝唐肃宗的惩罚。因为接受伪职，这些官员被一一治罪，最严重的当街处死。然而王维却只受到很轻微的处罚，并且很快连这点处罚也取消了。为什么呢？原因主要有二：一是王维的弟弟王缙此时已在肃宗朝担任高官，王缙的求情打动了皇帝，皇帝有心宽恕王维；第二则必须感谢裴迪。

裴迪在菩提寺中匆忙记下王维口述的诗歌后，便给诗拟了个很长的标题——"菩提寺禁裴迪来相看说逆贼等凝碧池上作音乐供奉人等举声便一时泪下私成口号诵示裴迪"，详细记录此诗缘由，之后想尽办法让这首诗传到唐肃宗耳中。唐肃宗通过此诗了解到王维内心对大唐的忠诚，于是决定对他从轻发落。

这是裴迪和王维最后的交集。此后，史书上只有裴迪的零星记录，提到他曾到过四川，做过一些低级官职。但关于他和王维的来往，再没有只言片语。辋川那段生活，仿佛昨日烟云，消散在二人生命中。

裴迪到菩提寺探视王维时，王维其实还口述了一首诗给他："安得舍罗网，拂衣辞世喧。悠然策藜杖，归向桃花源。"也许，这才是王维在"忠君爱国"的正确答卷外最诚挚的心声。和裴迪远离尘嚣，悠游林下，平平淡淡过此生，才是他最真、最美的梦。

苏轼与黄庭坚：

北宋顶流师徒，事无不谈却绝口不提一事

他是老师，却放下架子说要学自己的学生写诗，并对学生的人品、才华赞叹不已。他是学生，然而"学业成绩"却有好几项可以比肩老师——在文学方面，他与老师齐名，开创的"江西诗派"，是宋代以后影响力最大的诗歌流派；在书法方面，他自成一家，与老师站在了同一高度。

有人认为，取得这样了不起的成就，完全可以不必再以学生的身份屈居老师门下。然而自始至终，这位学生都对自己的老师尊敬有加。他和老师之间，不仅师徒情深，而且像朋友一样往来自由、无拘无束。在老师大起大落的一生中，这位学生不但在其辉煌的时刻伴随左右，还在老师的人生跌落谷底时，义无反顾地与之同行。

这对师生就是北宋大文豪苏轼和黄庭坚。

得升桃李盘，以远初见尝

熟悉历史的都知道，黄庭坚是苏轼的学生，是"苏门四学士"中最受老师器重的一位。苏轼本人就是个全才，在诗歌、文学、书法、艺术等多个领域出类拔萃，而他的学生黄庭坚亦毫不逊色。在文学领域，黄庭坚与苏轼并称"苏黄"，他的诗歌甚至被认为超越了老师；在书法领域，黄庭坚与苏轼、米芾、蔡襄并称"宋四家"，其成就是艺术史上绕不开的高峰。但这样两个人站在一起，不仅没有互相遮蔽光芒，还彼此成就，变得更加耀眼。

苏轼和黄庭坚结缘，始于对彼此才华、人品的欣赏。黄庭坚比苏轼小八岁，当他默默无闻时，苏轼早已是名扬四海的文学才子、封疆大吏。彼时黄庭坚对苏轼早就倾慕，苏轼却还没听说过黄庭坚的名字。然而，在杭州做通判时，苏轼第一次在知州孙觉那里读到黄庭坚的诗文，就"耸然异之"，认为其超越了当世之人。

孙觉对苏轼说:"这个人,知道他的人还很少,你可以替他扬扬名。"苏轼答道:"这个人是精金美玉一样的人物,他不亲近别人,别人还要亲近他呢,未来可能名气大得逃都逃不脱,哪里还需要我给他扬名!"这孙觉正是黄庭坚的岳父。

对苏轼来说,黄庭坚给他的第一印象是"惊艳"。而几年后,这种印象进一步加深。苏轼与黄庭坚的舅父李常交好,有一次途经济南,李常也向苏轼推荐自己的外甥,拿出大量黄庭坚的作品给他看。在杭州初次接触黄庭坚的作品时,苏轼已从他的文字中感受到他人品的不俗,这次深入了解后,苏轼不仅对黄庭坚的才华赞不绝口,还对其品格、气度给出了极高的评价:"这个人超逸绝尘,遗世独立,只有君子才能与之匹敌,像我这样放浪自弃、大大咧咧的人,恐怕都不配和他做朋友。"

但也许是因为古代通信滞缓,也许是因为黄庭坚并不汲汲于名利,直到次年,黄庭坚才郑重其事地向苏轼献上两首诗歌,表达了想要投拜于其门下的愿望。在投献的诗中,他腼腆却坚定地写道:"岁月坐成晚,烟雨青已黄。得升桃李盘,以远初见尝。终然不可口,掷置官道旁。但使本根在,弃捐果何伤。"把自己比作江南的梅子,希望能像桃李一样被装在盘中,供苏轼品尝。即便苏轼不喜欢吃，把自己扔在路旁，也无怨无悔，绝不悲伤。

收到这样诚挚的拜师信，苏轼大喜过望，当下回复了一封热情洋溢的书信。至此，苏黄正式订交。

公如大国楚，吞五湖三江

不过，这对师生还未碰面，就被一场大祸阻隔。王安石在宋神宗的支持下展开变法后，大力推进各项新政。对于这些新政，苏轼持反对立场，黄庭坚也极不赞成。在这样的背景下，苏轼写了一些发牢骚的诗文，被人抓住把柄，逮捕入狱，这就是著名的"乌台诗案"。

侥幸出狱后，苏轼被贬官至黄州，在黄州一冷就是四年。在这四年里，他主动减少与亲友的联系，以免给自己和亲友惹来不必要的麻烦。但亲友们还是受到了牵连，甚至包括只有书信来往而未曾谋面的黄庭坚。黄庭坚在这场文祸中遭到罚俸处分，并被坐实为苏轼"逆党"。对此，苏轼深感不安，写信给朋友王巩说："朋友数十人，都因我得罪，每每想到这里，就觉得心肺间有汤火在煎熬，身上如芒刺在背。"

然而，君子之交，贵在"温不增华，寒不改叶"。

虽然苏轼此时已是犯官身份，黄庭坚却并没有因此疏远他，反而不时致信问候，对老师关心有加。几年后，政局改变，苏轼重获启用，苏、黄都被召回京城担任要职，二人直到此时才初次相见，这距离他们诗书订交已过去七八年。

旧党执政的元祐年间，是黄庭坚与苏轼来往最密切、唱和最频繁、人生最惬意的时期。这一时期的苏轼，仕途辉煌，星光闪耀，门下聚集了黄庭坚、秦观、晁补之、张耒、陈师道、李廌等一大批当世最有才华的文士。苏轼是一个随和幽默的人，他的门庭也充满自由平等的气氛，师生之间无拘无束，人人都可畅所欲言。苏、黄二人的情意，在这种自由之风的庇护下日渐浓厚。

交流、切磋文艺创作经验，是苏、黄日常往来的重要内容。苏、黄都是书法名家，但风格迥异。有一次，师生二人相对而坐，品评书法。苏轼开玩笑说："鲁直（黄庭坚的字）啊，你的字虽然清劲，然而笔势有时候太瘦了，好像树梢上挂了条蛇。"结果，黄庭坚反唇相讥，说："老师的字，我本来不敢轻易评论，但您开口了，我也不妨说说我的看法。我觉得您的字又扁又宽，好像石头下压了个蛤蟆。"说完，二人哈哈大笑，都觉得对方批评到了点子上。

还有一次，苏轼和黄庭坚一起谈诗论文。苏轼点评黄庭坚的诗文，说："读鲁直的诗文，就像吃海鲜一样，美妙无比，一尝此鲜，其他什么菜都吃不下去了，只是不能多吃，多吃容易发风动气。"黄庭坚也同样直言不讳，回击说："老师的文章绝妙一世，不过说到诗歌，就比不上古人了。"言毕，两人相视而笑，毫不介怀。

在京顺风顺水这几年，苏、黄二人亲密相伴，在文学和艺术领域碰撞出许多火花。三年中，光是黄庭坚唱和的苏轼的诗就达30余首，占其与苏轼唱酬诗的大半。黄庭坚写诗独辟蹊径，喜欢出奇生新。有一次，苏轼做了首名为《送杨孟容》的诗，诗中用了很多险怪的窄韵，并在诗题下自注："效黄鲁直体。"以此表明，自己是从学生身上吸取的优点。而黄庭坚读到此诗，也被老师的虚怀若谷打动，写诗诚恳地回应："我诗如曹邻，浅陋不成邦。公如大国楚，吞五湖三江。"把自己比作周朝时的小国曹、邻，把老师尊为当时的大国荆楚，以此表达崇敬。

能回赵璧人安在？已入南柯梦不通

不过，幸福的时光总是短暂的，由变法引起的纷争一波又一波，冲击着每一个人，苏、黄亦不能幸免。

虽然同持反对变法的立场，但旧党内部也分裂为数派，互相争斗，苏轼深陷党争旋涡。为了离开风暴中心，苏轼不得不请求到地方上任职，苏、黄二人结束了诗艺竞逐的黄金时期。之后没几年，新党又重新执政，全力打击旧党。苏轼被贬到遥远的岭南惠州，后又被赶到荒蛮的海南岛。黄庭坚也因为与苏轼同属"元祐党人"，先后被贬到偏远的黔州、戎州，饱受颠沛之苦。二人在贬谪路上仅有匆促一会，便就此诀别，余生再未相见。

这一时期，苏、黄同属罪臣，相隔千里，但他们的心却紧紧相依。他们互相挂念，千里传书，或题跋字画，或唱和旧作，以最豁达的心态给对方打气。收到黄庭坚自贬谪路上寄来的书信后，苏轼在回信里关切地说："收到我的信，想必你已经到达黔中了。不知道你在那里住得怎么样，风土人情又如何。听人说，那里大概跟长沙差不多，也不算太差……人生没有适应不了的境遇。听说你的行囊里一分钱都没有，不知道途中有没有仁义之人接济你，我虽然没到你这种地步，但也差不多。对此，要相信水到渠成，不要太忧虑。"而黄庭坚在戎州贬所偶然发现苏轼为寺院甘泉题的字，也对老师感怀不已，徘徊在题字下，久久不忍离去。

就这样，时间一晃七年过去，随着朝中政局又发生变化，老病缠身、须发皆秃的苏轼终于结束了流放，起复北还。得知这个消息，黄庭坚高兴无比，作诗表达喜悦："文章韩杜无遗恨，草诏陆贽倾诸公。玉堂端要真学士，须得儋州秃鬓翁。"认为国家要选拔真正的才学之士，还得是苏轼这样的人。然而，苏轼尚未回到京师，就在途中溘然长逝。

苏轼辞世后，黄庭坚并没有就此结束流离，随着政局翻云覆雨，他背负着"元祐党人"的罪名，被越贬越远，最终死于贬谪之地。尽管一生的困厄皆因追随老师，但黄庭坚对此毫无怨言，对老师的尊敬也从未改变。晚年，黄庭坚的门人曾亲眼见他把苏轼的遗像挂在堂前，每天早上穿戴好衣冠后，必然恭恭敬敬地对着遗像焚香行礼。有弟子不解地问老师："您现在已经和苏公齐名了，为何还要对他行此大礼？"黄庭坚闻言大惊，回答说："我是东坡永远的弟子，哪敢失礼乱序！"

苏轼生前有一块喜欢的奇石，名叫"异石九峰"，曾为它作诗留念。苏轼去世后，黄庭坚偶然读到这首诗，感慨万千，而此时，那块奇石已不知所终。于是，黄庭坚在诗里伤感地说："能回赵璧人安在？已入南柯梦不通。"能把老师的奇石找回来的人在哪儿呢？老师仙去，却连个梦都没有托给自己。而说来也奇，就在写了此诗的第二年，黄庭坚做梦就梦到了老师。在梦中，他和老师一起游山玩水，吟诗作赋，师生之间还像以前一样言笑晏晏。黄庭坚把自己作的几首诗念给老师，老师听罢，笑眯眯地说："鲁直的诗比以前又有长进了！"

唐代诗人李商隐悼念朋友刘蕡，曾有诗句曰："平生风义兼师友。"其实，拿这句诗来形容苏轼和黄庭坚，亦无不可。苏黄二人，不只是文学之交，还是心心相印的知己。他们亦师亦友，深情不渝。如果说人生得一知己足矣，拥有彼此，便是他们苦难人生中最大的安慰！

元稹和白居易的友谊，完美诠释了"人生得一知己足矣"。他们"始以诗交，终以诗诀"，并在诗歌之外的辽阔世界，找到了让友谊蓬勃生长的空间。

三国诗人、文学家曹丕曾有一句名言："文人相轻，自古而然。"然而，在现实人生中，"文人相敬"也并不罕见，

比如李白和杜甫，白居易和元稹，他们的友谊都感人至深，令人称颂。下面来说说白居易和元稹。

"元白"初识

白居易和元稹都是中唐时期的大诗人、大文学家，在才华方面，他们旗鼓相当；在理想方面，他们志同

道合；而更为难得的是，他们的友情松柏常青，至死不渝。顺境里，他们车马轻裘，一同享受人生的快乐；逆境里，他们不离不弃，携手抵御尘世的严寒。可以说，他们是互相欣赏、彼此珍重的同道知己，也是惺惺相惜、并肩作战的亲密战友。

白居易和元稹出身相似。白居易出生于一个低级官僚家庭。自幼因为战乱和父亲做官的缘故东奔西跑，饱受漂泊之苦。白居易从小就有"神童"的美名，据说他还是个不会说话的婴孩时，别人教他认屏风上的字，教过一遍问他，他便能用小手指出正确的字。白居易5岁学作诗，16岁就写出了名扬四海的《赋得古原草送别》："离离原上草，一岁一枯荣。野火烧不尽，春风吹又生……"深得文坛前辈顾况的赏识。29岁时，白居易一举考中极难考的进士，成为同榜十七人中年龄最小的一位。

元稹比白居易小7岁，祖上是鲜卑人，一度家境显赫，然而到了元稹的父祖时代，元家已经家道中落。元稹的父亲在他很小的时候就去世了，他跟着寡母借住在舅舅家，过着寄人篱下的生活。好在母亲知书达礼，对他精心教育，元稹本人也聪明伶俐、刻苦用功，15岁就考中了明经科，学业成就仅次于进士。

元稹与白居易结缘，始于一场选拔考试。贞元十八年（802年）秋，为了准备参加吏部的书判拔萃科考试，白居易来到长安，找了个安静的住所，日夜苦读，勤练写作。也就是在这个时候，他认识了和他一样要参加该考试的元稹。二人有相当的学识、相同的爱好，小时候都经历过颠沛流离，因此一见如故，天天在一起切磋学问，探讨时政，相处得十分融洽。就这样，经过一番努力，二人都以优异的成绩通过了选拔，一同被授予校书郎的职务，从好同学变成了好同事。多年以后，白居易还意犹未尽地回忆他和元稹订交的情景，在诗里写道："花下鞍马游，雪中杯酒欢。衡门相逢迎，不具带与冠。春风日高睡，秋月夜深看。不为同登科，不为同署官。所合在方寸，心源无异端。"

心有灵犀

元稹和白居易并称"元白"，都是风流倜傥的少年才子，他们的交往自然少不了文学与诗歌上的切磋较量。二人一生相交近30年，唱和之作接近千首。白居易写了流传于大街小巷的《长恨歌》，元稹就有《连昌宫词》与之相对；白居易写了缠绵悱恻的《琵琶行》，元稹就有《琵琶歌》与之呼应；白居易写了千回百转的《霓裳羽衣舞歌》，元稹就有《何满子歌》与其唱和……他们还创造了风雅的"竹筒传诗"——诗作写好后，即刻封入竹筒，请邮差快马加鞭递送，以此保持亲密的诗歌往来。某年，他们和一群文人雅士结伴春游。"元白"二人并驾齐驱，边纵马疾驰边斗诗，二人才思敏捷，佳句不断，其他人竟然连话都插不上。

白居易和元稹之间有一种难得的默契。有一年，元稹到四川出差。白居易在长安和弟弟白行简、好友李建一同到曲江、慈恩寺宴游，酒酣耳热时，白居易还惦记着自己的好朋友元稹，感慨说："元九（元稹在家族中排行第九）也不知道怎么样了，我算算行程，他现在应该走到梁州了吧？"于是，即席创作《同李十一醉忆元九》一诗："花时同醉破春愁，醉折花枝作酒筹。忽忆故人天际去，计程今日到梁州。"而说来也巧，十几天后，白居易收到了元稹从梁州寄来的一首诗——《梁州梦》："梦君同绕曲江头，也向慈恩院院游。亭吏呼人排去马，忽惊身在古梁州。"在这首诗里，元稹竟在同一时间做梦梦到和他们同游慈恩寺。二人的心有灵犀，让人惊叹。

白居易和元稹的交往，始终伴随着对彼此的关心、照顾，温情脉脉。白居易家境清贫，母亲去世时，他居家守丧，没有经济来源，元稹此时也并不富裕，却毫不犹豫地拿出半年薪俸寄给好兄弟，总计不下20万钱。对此，白居易深为感激，写诗感谢说："三寄衣食资，数盈二十万。岂是贪衣食？感君心缱绻。念我口中食，分君身上暖。"同样，白居易对元稹也怀着殷切的关心。元稹母亲去世时，元母的墓志铭是白居易写的，写得情真意切。元稹被贬官至通州（今四川达州）时，蜀地盛夏溽热，白居易体贴地给他寄去轻薄的衣衫和防暑降温的凉席。元稹婚后数年，相濡以沫的妻子韦丛去世了，元稹十分悲痛，而在此时给他安慰的也是好友白居易。元稹给白居易写诗，倾诉心中的痛苦，白居易就一首一首情真意切地唱和、应答，直到朋友的伤痛慢慢平复。

志同道合

如果说仅仅是互相欣赏、情投意合，那么"元白"的友谊也不过是世间普通的一种情谊，然而难得就难得在，他们的理想志趣也是那么相投，以至于爱憎一致，为之努力、奋斗的事业也在同一方向。

白居易从小接受正统的儒家思想教育，这从父祖为他起的名字就可看出。"居易"一名出自儒家经典《礼记·中庸》："君子居易以俟命，小人行险以侥幸。"他的字"乐天"也出自儒家经典《周易》："乐天知命，故不忧。"元稹接受的教育和白居易差不多，同样具有积极用世的儒家思想。不过，在他们生活的时代，大唐的国运已经走下坡路，藩镇割据、宦官干权已成为政治顽疾，后来又加上朋党之争，搞得国不安宁，民不聊生。因此，到白居易和元稹走上仕途的时候，他们都梦想改变现状。

"元白"二人先后都做过监督官员、劝谏皇帝的官员。在任上，他们忠于职守，提了很多宝贵意见，惩治了不少恶势力，还联手发起新乐府运动，倡导写作针砭时弊的讽喻诗。"元白"的刚正不阿，以及他们抨击黑暗的诗歌，得罪了一大批权贵。这些人对他们恨之入骨，一直想找机会打击报复他们。

　　这年，元稹因公出差，在驿馆住宿时，遇到宦官争房间，被毒打一顿。这件事，本是宦官的错，然而唐宪宗却偏袒宦官，要把元稹贬往江陵。白居易上书替元稹苦苦求情，唐宪宗却置之不理。就这样，元稹在荆楚一贬就是五年，之后又被贬到更远的通州。在那里，他郁郁寡欢，还得了严重的疟疾，几乎病死。

　　与此同时，白居易也因为在宰相武元衡遇刺案中积极主张打击藩镇，被权贵抓住把柄，贬为江州司马。消息传到通州，正值风雨凄寒的深秋，元稹病得奄奄一息，却还是挣扎着爬起来，满怀悲愤地写下《闻乐天授江州司马》一诗，为朋友打抱不平：

　　　　残灯无焰影幢幢，此夕闻君谪九江。
　　　　垂死病中惊坐起，暗风吹雨入寒窗。

而此时的白居易，正坐在前往江州（今江西九江）的一艘小船上。风雨飘摇中，他挑灯夜读，手里捧的正是好友元稹的诗卷。读完最后一首诗，白居易眼睛发痛，他吹灭灯火，坐在黑暗中沉思默想，听着船外风吹浪涌，一下一下拍打船身，心中涌动着难以言说的情绪，于是重新点亮灯火，作诗一首，这就是《舟中读元九诗》：

把君诗卷灯前读，诗尽灯残天未明。
眼痛灭灯犹暗坐，逆风吹浪打船声。

君埋泉下泥销骨，我寄人间雪满头

就这样，从恋爱到结婚生子，从亲人去世到宦海几经浮沉……在人生各个重大节点上，白居易和元稹都共同应对，携手进退，从不因世事变迁而冷淡情义，直到死亡将他们分开。大和五年（831年），元稹在武昌突发疾病，猝然离世，终年53岁。白居易听闻噩耗，悲痛异常，写下三首《哭微之》哀悼好友，大有"子期离世，伯牙绝弦"之感。其中一首写道：

今在岂有相逢日，未死应无暂忘时。
从此三篇收泪后，终身无复更吟诗。

余生，白居易对元稹的思念绵绵不绝。元稹去世九年后，白居易做梦还会梦到他，并在梦中泪流不止。他写下《梦微之》深情怀念老友：

夜来携手梦同游，晨起盈巾泪莫收。
漳浦老身三度病，咸阳草树八回秋。
君埋泉下泥销骨，我寄人间雪满头。
阿卫韩郎相次去，夜台茫昧得知不。

在这首沉痛的诗歌里，白居易因为梦到元稹，泪湿枕巾，感慨自己多愁多病，已是衰残的老人。元稹埋身九泉，尸骨早已化为泥尘；而自己寄居人间，也是白发满头。更何况，人生无常，元稹之子阿卫和朋友之子韩郎都相继夭折，元稹若地下有知，不知该怎样悲伤。

元稹和白居易的友谊，完美诠释了"人生得一知己足矣"。他们"始以诗交，终以诗诀"，并在诗歌之外的辽阔世界，找到了让友谊蓬勃生长的空间。元、白之相知，于文学是幸事，于人生，更是树立了交友的标杆。人生险难，能遇一人懂自己，也便无憾。

第四章 ● 生活将我千锤百炼，于是锻造成型，也锻炼成器。

定形

陶渊明：

儿孙自有儿孙福，

莫为儿孙作马牛

陶渊明不愧是个豁达的父亲，尽管儿子们个个都不成器，但他最终也没有勉强，大度地一笑了之，任孩子们自由生长，各安天命。

望子成龙可以说是天下父母共同的心愿。明哲如杜甫，看到小儿子宗武有点文学才华，也忍不住夸奖：

"骥子好男儿，前年学语时。问知人客姓，诵得老夫诗。"聪慧如苏轼，见儿子苏过诗文作得不错，也不由称赞："小儿少年有奇志，中宵起坐存黄庭。近者戏作凌云赋，笔势仿佛离骚经……"相比之下，东晋大诗人陶渊明对儿子就有点夸不出口了。他曾作过一首《责子》诗：

白发被两鬓，肌肤不复实。

虽有五男儿，总不好纸笔。

阿舒已二八，懒惰故无匹。

阿宣行志学，而不爱文术。

雍端年十三，不识六与七。

通子垂九龄，但觅梨与栗。

天运苟如此，且进杯中物。

　　这首诗虽有调侃之意，但字里行间还是流露出满满的失望与惆怅。不过，陶渊明不愧是个豁达的父亲，尽管儿子们个个都不成器，但他最终也没有勉强，大度地一笑了之，任孩子们自由生长，各安天命。

尔之不才，亦已焉哉

　　其实，陶渊明并非一开始就在子女教育上如此佛系。陶渊明二十七八岁时，长子陶俨出生。初为人父，陶渊明欣喜异常，在儿子长到两三岁时，特意作了首《命子》诗，表达对儿子的疼爱与期许：

悠悠我祖，爰自陶唐。

邈焉虞宾，历世重光。

……

嗟余寡陋，瞻望弗及。

顾惭华鬓，负影只立。

三千之罪，无后为急。

我诚念哉，呱闻尔泣。

卜云嘉日，占亦良时。

名汝曰俨，字汝求思。

温恭朝夕，念兹在兹。

尚想孔伋，庶其企而！

厉夜生子，遽而求火。

凡百有心，奚特于我！

既见其生，实欲其可。

人亦有言，斯情无假。

日居月诸，渐免于孩。

福不虚至，祸亦易来。

夙兴夜寐，愿尔斯才。

尔之不才，亦已焉哉！

　　诗题"命子"，就是教子之意。既然是教育自己的儿子，那必然要给儿子树立正确的榜样。于是，这首诗前面一多半的篇幅都在讲述陶氏先祖的丰功伟绩，从上古时期的陶唐（尧帝）追溯起，一代代细数，介绍陶氏家族那些赫赫有名的大人物，如西周的司徒陶叔、汉朝的愍侯陶舍、汉朝的丞相陶青、东晋的长沙公陶侃等，还提到了自己的祖父和父亲。

陶渊明讲述祖先的功业，自然是希望儿子继承祖宗遗志，建功立业，光大门庭。不过，陶渊明不同于一般望子成龙的父亲之处在于，他对儿子虽有期许，却不那么功利，在介绍祖先的光辉事迹时，他更多侧重的是祖先的高尚品质，而不仅仅是赫赫功名。他最希望儿子继承和发扬的，是祖先的光荣美德。

陶渊明在这首诗里还解释了他给儿子取名字的良苦用心。儒家经典《礼记·曲礼》有言："毋不敬，俨若思，安定辞。"——心怀敬意，态度端庄，慎重思考，言辞平静，这是儒家君子应有的风范。陶渊明给儿子取名为"俨"，取字为"求思"，正源自《礼记》。此外，孔子的孙子孔伋是继承和发扬孔子儒家思想的重要人物。孔伋字子思，陶渊明给陶俨取字"求思"，也是希望他能向孔伋学习，好好读书，成为有真才实学的君子。

陶渊明这首诗洋洋洒洒 320 个字，流露出望子成龙的殷切期盼。不过，期盼虽然热烈，陶渊明却并没有执着地要求儿子一定要符合自己的期待。不然，他也不会在语重心长的一大篇教导后，潇洒地来一句："尔之不才，亦已焉哉。"——你要是不成器啊，那也就拉倒吧。诗人的豁达，由此可见一斑！

天命苟如此，且尽杯中物

很快，陶俨长大成人。他有没有达到陶渊明的期待呢？从《责子》一诗看，显然没有。不仅陶俨没有，他的四个弟弟也同样不太令陶渊明满意。

诗题"责子"，就是责备和批评儿子之意。写这首诗时，陶渊明四十多岁，已经彻底告别官场，过上了隐居田园的生活。也许是因为自己在外奔波了十来年，公务劳碌，对孩子们缺乏管教，他发现孩子们一个个不学无术，没有人热爱读书、习文。于是，在《责子》诗里，他难免把几个孩子吐槽一番。

诗里的阿舒、阿宣、阿雍、阿端、阿通，分别是儿子俨、俟、份、佚、佟的小名，其中阿雍和阿端是双胞胎。陶渊明在诗中叹息说："唉，我已经不年轻了，两鬓都生出了白发，皮肤也不再紧实，可你们一个个还都不肯争气。阿舒 16 岁了，懒惰得没人能比；阿宣马上就到了孔子'志学'之年——15 岁了，还不爱学文化、做学问；阿雍、阿端 13 岁了，仍然不识数，六加七都数不过来；阿通也快 9 岁了，整天只知道到处爬树摸梨，寻找栗子。不过，天命若果真如此，我又能怎么办呢？还是再斟杯小酒，痛饮忘忧吧！"

后世有人认为，陶渊明对孩子们不成才耿耿于怀，说明心胸还不够旷达；但也有人认为，陶渊明虽然以批评的语气来数落几个孩子，但字里行间充满慈爱和柔情，并不是真正的谴责，而是一种调侃。这两种说法其实都有点偏执，以人情推之，孩子不爱学习，哪个父亲都不会欢天喜地。只不过，陶渊明并不会把这种情况看得如同天塌下来一般严重，更何况，孩子学习不好，陶渊明也有责任，比如他疏于教养；再比如，他没有给孩子提供良好的求学环境。

陶渊明从二十多岁起离家出仕，四方奔走了十几年。他本来胸怀大志，有心建立一番功业，无奈，在东晋末年动荡不安的时代，门第不高的他并没有太多机会。陶渊明在东晋的官僚机构里仅做过几任不起眼的小官，每次任职时间都不长。因为生性热爱自由，他极其受不了官场的种种束缚以及迎来送往的腐败风气。义熙元年（405年），陶渊明任彭泽县令，但这个小芝麻官他只当了八十多天，就果断放弃，只因为这年年末，陶渊明的上级派督邮到县里视察，他的下属奉劝他："您最好系好腰带、穿戴整齐，恭恭敬敬地去迎接督邮。"这引起了陶渊明对官场腐败的极大厌恶，于是他高傲地说："我怎么能为了五斗米的俸禄，向这种人点头哈腰！"说完，把官印一解，潇洒离去。

从那以后，陶渊明再不肯踏入仕途半步，而这首

《责子》诗，就作于他归隐后不久。因为做了与腐朽的官场彻底决裂的选择，陶渊明明白，他的子女再也不可能通过学习文化、掌握知识，进入统治阶级上层。这也就是他不忍对儿子们多加苛责的原因之一。

败絮自拥，何惭儿子？

那么，陶渊明后悔自己的选择吗？我们来看看多年后他写给儿子们的一封信。五十多岁时，陶渊明的身体变得很差，一场大病后，他预感自己命不久矣，于是给五个儿子写了一封遗书，这封遗书就是《与子俨等疏》：

告俨、俟、份、佚、佟：

天地赋命，生必有死；自古圣贤，谁能独免？……吾年过五十，少而穷苦，每以家弊，东西游走。性刚才拙，与物多忤。自量为己，必贻俗患。僶俛辞世，使汝等幼而饥寒。余尝感孺仲贤妻之言，败絮自拥，何惭儿子？此既一事矣。……疾患以来，渐就衰损，亲旧不遗，每以药石见救，自恐大分将有限也。汝辈稚小家贫，每役柴水之劳，何时可免？念之在心，若何可言！然汝等虽不同生，当思四海皆兄弟之义。鲍叔，管仲，分财无猜；归生、伍举，班荆道旧；遂能以败为成，因丧立功。他人尚尔，况同父之人哉！……

从这封信，我们知道，陶渊明的五个儿子并非一母所生，而是同父异母的兄弟。陶渊明一生至少娶过两任妻子，第一任妻子——也就陶俨的生母，在他30岁左右病故，之后他续娶翟氏为妻，陶俨等五兄弟就是由翟氏抚养长大的。

在这封信里，陶渊明对儿子们流露出深深的疼爱之情。他把个人的生死、一己的穷达，都看得颇为达观，唯独对几个孩子牵挂不已。他最担心的就是自己辞世之后，孩子们还小，家里又穷，怕孩子们罹受饥寒，生活过得太辛苦。因此，他最后留给孩子们的教诲就是：不要分家，兄弟们之间一定要团结友爱，齐心协力共渡难关。

不过，陶渊明并不后悔因为辞官而没有给孩子们留下丰厚的财产，创造好的生活条件。他以王霸（字孺仲）的故事来表明自己的心志。王霸也是个隐士，不愿出来做官，有一次遇到已经发达的旧友令狐子伯，见对方的儿子车马亮丽，衣服光鲜，风度雍容，反观自己的儿子，蓬头垢面，牙齿不整，气质粗俗，他感到有些无地自容。没想到王霸的妻子劝他说："您从年少起修行清高的志节，不慕荣利，子伯的富贵和你的高尚哪有可比性？你怎么能忘了一直以来的志向，而为子女感到惭愧呢？"王霸听完，一下子释怀了。陶渊明说："余尝感孺仲贤妻之言，败絮自拥，何惭儿子？"正是和王霸的妻子有一样的信念。

　　说到底，陶渊明对孩子既有望子成龙的美好期冀，又有不强求的旷达，这既是他的个性，又是他的选择。因为不慕荣利，所以不会逼自己上进，也不会逼孩子成才。陶渊明的不强求，正是他看淡富贵、超脱名利的结果。

嵇康：乱世中傲骨不折，刑场上笑弹绝琴

景元三年（262年），嵇康与吕安被押到洛阳东市准备处死。临刑前，嵇康神色自若，从哥哥嵇喜手中接过自己最爱的琴，席地而坐，从容弹起《广陵散》。

有一个时代，混乱、残酷、民不聊生，却天才辈出。

那个时代，有人醉生，有人梦死；有人痛饮狂歌，状似癫狂；有人清谈玄远，舌灿莲花。那个时代以风度闻名，那个时代以名士著称。那是历史上最坏的时代，也是历史上最好的时代。

那个时代，叫作魏晋。而嵇康，正是魏晋顶流中的顶流，名士中的名士。

玉山孤松

嵇康，字叔夜，谯郡铚县（今安徽濉溪）人，出生于魏文帝黄初四年（223年）。自父辈起，嵇康一家便移居河内郡山阳县（今属河南焦作）。山阳是嵇康真正的故乡。嵇康的父亲是曹魏的一个低级官员，在嵇康幼时就去世了。嵇康是由母亲和哥哥抚养长大的。可能因为母亲和哥哥对他持"放养"的态度，家庭氛围宽松自由，嵇康自小养成了率真自然、旷达不羁的性格。他博览群书，偏爱老庄之学，喜欢进行哲学思辨，还无师自通学会了音乐，丝竹管弦样样精湛，尤其擅长弹琴，演奏的《广陵散》在当时堪称一绝。

关于嵇康出神入化的琴技，流传着一个奇异的故事：一天夜里，嵇康在华阳亭中弹琴，忽然听到空中传来声音，赞美他琴声悠扬。嵇康问说话的是谁，空中的声音称自己是幽灵，在此地沉寂许久，今天被嵇康美妙的琴声打动，想跟他交流交流。幽灵现形后，竟是个手提断头的无头鬼，原来，他是已故的东汉名士、音乐奇才蔡邕。蔡邕和嵇康清谈至半夜，还为他演奏了绝妙无比的《广陵散》。嵇康于是跟着蔡邕学会了这首富有传奇色彩的千古名曲。

嵇康成长的时代，是一个少年天才云集的时代。

钟会、王弼等大思想家，都是在十几岁时就创立了闻名天下的玄学理论，嵇康亦不例外。尽管只是出身于小康之家，没有钟、王那样显赫的家族背景，但嵇康刚成年，就已经是著名的思想家、文学家和音乐大师了。在哲学方面，他写出了大名鼎鼎的《养生论》；在文学方面，他已在诗坛崭露头角；在音乐方面，他除了精通各种乐器，还是著名的音乐理论家，写出了《声无哀乐论》这一千古名篇。此外，他辩才出众，清谈论道时侃侃而谈，几乎没人能胜过他。

更让人羡慕的是，嵇康还是一个玉树临风的美少年，姿容、风度鹤立鸡群。嵇康身材高大，约有1.85米。然而，他的相貌却是清秀型，《晋书·嵇康传》称他"龙章凤姿""土木形骸"，外表温柔平和，内在刚烈正直，言谈举止毫无矫饰，高贵脱俗，潇洒自如。有人称，见到他犹如在高大的松树下迎面徐徐吹来沁人心脾的清风。嵇康的好友山涛是著名的人物品评专家，他对嵇康的评价是："嵇叔夜之为人也，岩岩若孤松之独立；其醉也，傀俄若玉山之将崩。"也许因为仪表才华都很出众，嵇康引起了沛王曹林的注意，沛王把女儿长乐亭公主嫁给了他。

竹林之游

　　成为皇亲国戚，一般人都会感觉荣耀无比，然而，这桩婚姻却是嵇康悲剧命运的开始。

　　魏晋是中国历史上思想最活跃的时代之一。那个时代崇尚清谈、思辨，士人们常常聚在一起探讨、辩论玄学问题。曹魏正始年间（240—249年），名士何晏在朝廷中占据要职。何晏不仅是思想界的领军人物，还是一流的清谈高手。在他的主持下，首都洛阳很快掀起玄学辩论风潮，清谈场中吸引了大量社会名流，其中就有嵇康。

　　嵇康娶了长乐亭公主后，以驸马的身份加官晋爵。他先是被授予郎中职务，不久晋升为议论政事的中散大夫，因此，世人也称他"嵇中散"。与公主结婚后，嵇康便来到首都洛阳生活，由此进入名士圈子，和他们一起清谈论道。嵇康气宇不凡，风度翩翩，博学雄辩，一入清谈场就大出风头，征服了无数听众，被思想界惊呼为"神人"。据说，钟会完成自己的哲学著作后，很想得到嵇康的赞赏，但又担心这位才子不留情面地指出自己的破绽，于是在嵇康家门口徘徊良久而不敢敲门，最后将自己的著作扔进嵇康院内，匆匆离去。

然而，嵇康并没有在洛阳待很久，便很快又回到故乡山阳隐居。原因无他，只因为他看到引领"正始之风"的何晏集团有覆亡的危险。当时何晏、夏侯玄与大将军曹爽把持着魏国的权柄，一时风头无两。何晏倡导的清谈活动，表面谈论的是老庄玄学，内核却包裹着政治改革的理想，并打算将改革付诸实践，这就得罪了很多利益群体。这些反对派联合起来，制造政变，对何晏集团发起围剿，最终杀死何晏、曹爽，这就是历史上有名的"高平陵政变"。主导这场政变的不是别人，正是大名鼎鼎的司马懿。而这场政变之后，曹魏政权便落入了司马氏之手。

　　嵇康是在政变爆发之前回到故园的。这一时期，和他来往密切的名士有六个——阮籍、山涛、向秀、刘伶、王戎、阮咸。他们一边密切关注着洛阳局势的变化，一边悠游于山阳的竹林中，饮酒、放歌、清谈、辩论，自由畅快地交流思想。这个七人的小团体，后来在历史上有一个如雷贯耳的名字——竹林七贤。他们不仅在政治、文学、思想等方面引领当时风尚，还是整个魏晋最有才华、最有魅力的人物团体。

　　此时，在山阳的竹林中，他们亲密无间，相处莫逆。而他们显然还不知道，在不久的将来，他们的命运将发生分化，有人飞黄腾达，有人屈辱求生，有人慷慨殉道，这个小团体将从此星散，后会无期。

抗争到底

高平陵政变后，司马氏慢慢露出了篡权夺位的野心。司马氏想取代曹魏，当时路人皆知，但没人会在意。毕竟，曹魏的政权也是从汉献帝手中夺来的，在那个兵荒马乱的时代，弱肉强食、成王败寇是司空见惯的戏码。

事实上，最早接受这套逻辑的，就有竹林七贤中的两位——山涛和王戎。山涛在司马氏掌权后，很快出山主动投靠了司马氏，后来在晋朝做到司徒之高位。王戎是以何种途径步入官场的，已不得而知，而他最终也像山涛一样，做到了晋朝三公一级的大官。

阮籍、阮咸、向秀、刘伶，都是内心同情曹魏的人，他们不愿意投靠司马氏，但在司马氏的死亡威胁下，最终也不得不屈辱出山。因为内心充满煎熬，他们嗜酒放诞、歌哭无常，以此反抗司马氏的高压统治。

嵇康最为特殊。按照当时流行的思想，嵇康属于老庄信徒，最应该随波逐流、顺世逍遥，不跟当权者对抗。然而，嵇康却选择将抗争进行到底。嵇康是曹魏王室的姻亲，道义上应该站在曹魏这边。事实上，嵇康也正是出于对曹魏的责任心，硬是将反抗司马氏的行动坚持到了最后，甚至为此付出了生命的代价。

正元二年(255年)，镇东将军毌(guàn)丘俭发动兵变，企图推翻司马氏的统治。兵变的消息传到山阳，嵇康精神为之一振，一说他企图在当地组织暴动，与毌丘俭遥相呼应；一说他企图去淮南帮助毌丘俭，最后被山涛劝住。而这场兵变，很快便被司马懿的长子司马师镇压下去。

兵变失败后不久，嵇康的山阳园宅来了一位不速之客。这位客人年纪轻轻，志满意得，身后仆从如云。然而，当这位客人前呼后拥地进入嵇康宅院后，嵇康却看都不看他一眼，旁若无人地只顾打铁——打铁是嵇康的一大爱好。客人就这样被晾在一边，自始至终嵇康连一句话都没跟他讲。客人自觉没趣，准备起身离开。这时，嵇康才冷冷问了一句："何所闻而来？何所见而去？"客人还算机敏，应声回答："闻所闻而来，见所见而去。"这位来客就是钟会。钟会眼下是司马师的弟弟——新掌权的司马昭的爪牙，他此次拜访嵇康，就是奉命来监视窥探嵇康的。

广陵绝响

受过嵇康这番冷遇后，钟会心怀怨愤，回去便在司马昭面前讲了许多嵇康的坏话，让司马昭大为恼火。其实，嵇康羞辱钟会，并非与钟会过不去，而是对司马氏以及投靠司马氏的士大夫帮凶，表示不妥协。后来，他还有一些更加放肆的言行，比如来到洛阳，在当时的国家舆论阵地太学公开宣扬抨击礼教的学说。而儒家礼教，早已被司马氏树为正统，当成控制士人思想的工具。

尽管嵇康的言行处处表明了不合作的态度，但司马氏还是想尽办法去拉拢他。毕竟如果能"俘虏"这么有影响力的反对派名士，会令自己的面目不至于显得过于狰狞。于是，景元二年（261 年），在司马昭的授意下，嵇康的好友山涛出面推荐嵇康担任吏部郎一职。

然而，嵇康不但毫不犹豫地拒绝了这个人人艳羡的肥缺，还写了封长信宣布与山涛绝交。这封信就是千古奇文《与山巨源绝交书》。在这封信里，嵇康借题发挥，指桑骂槐，向天下表明自己不合作的立场，发泄对司马氏的不满。尤其是"非汤、武而薄周、孔"的激烈观点，更是对司马氏的公然挑衅。司马昭读完这封信，怒不可遏，当即起了杀心。在钟会的构陷下，他们决定找个堂而皇之的理由除掉嵇康。

嵇康有个知己好友名叫吕安，始终追随嵇康。吕安的哥哥吕巽是司马昭面前的红人，但人品低劣。吕安的妻子很漂亮，竟然被吕巽盯上了，后来不幸被他奸污。吕安知道此事后，打算去揭发哥哥，却被哥哥倒打一耙，称其"打母亲""不孝"。不孝在当时是十恶不赦的大罪，于是吕安被逮捕下狱。嵇康挺身而出，为好友辩护，没想到却自投罗网，最终以替罪犯做伪证之罪也被收监。

嵇康被捕后，数千名太学生集体向朝廷请愿，要求释放嵇康。另有许多知名人士主动陪嵇康入狱，向朝廷施加压力。但这反而证明了嵇康的"煽动力"，加速了他的死亡。景元三年（262年），嵇康与吕安被押到洛阳东市准备处死。临刑前，嵇康神色自若，从哥哥嵇喜手中接过自己最爱的琴，席地而坐，从容弹起《广陵散》。一曲终了，他感叹道："过去袁孝尼要跟我学《广陵散》，我没有教他，从今以后《广陵散》恐怕要失传了，可惜。"说完，慷慨就义。《广陵散》从此成为绝唱。

目送归鸿

嵇康的生命定格在 39 岁。耐人寻味的是，他知道自己不免一死，临死前，竟将自己的儿子嵇绍托付给已经公开绝交的朋友山涛。他对儿子说："山公尚在，你不会没人照顾的。"18年后，在山涛的力荐下，嵇绍进入仕途，步步高升，最后竟然为保卫晋朝的皇帝死在动乱中。

嵇康入狱期间，还写了一篇《诫子书》。在这篇留给儿子的遗书里，他竟然一改"越名教而任自然"的旷达形象，从言谈举止到待人接物，像圆滑世故的老人一样，给儿子一条条传授庸俗的生存秘诀。比如，要跟长官保持距离，和同僚去长官家做客，不可最后离开，更不可留宿，以免有告密之嫌……

鲁迅先生说得好："嵇康是那样高傲的人，而他教子就要他这样庸碌。因此我们知道，嵇康自己对于他自己的举动也是不满足的。……因为他们生于乱世，不得已，才有这样的行为，并非他们的本态。但又于此可见魏晋的破坏礼教者，实在是相信礼教到固执之极的。"

早年，嵇康曾写过一首著名的诗《四言赠兄秀才入军诗》：

息徒兰圃，秣马华山。

流磻平皋，垂纶长川。
目送归鸿，手挥五弦。
俯仰自得，游心太玄。
嘉彼钓叟，得鱼忘筌。
郢人逝矣，谁与尽言。

这首诗是嵇康送哥哥嵇喜参军时所作，诗里充满对哥哥的依恋。他想象着哥哥行军闲暇时，沉浸在自然的雅趣中，一边若有所思地目送南归的鸿雁，一边信手抚弹五弦琴。"目送归鸿，手挥五弦"，是文学史上最有意境的画面之一。那时，他还是无忧无虑的少年，风华正茂，前程似锦，并未预料到人生的结局是"理弊患结，卒致图圄""虽曰义直，神辱志沮"。

嵇康后悔吗？也许是有过动摇的吧。然而，若人生重来，他大概率仍会做出同样的抉择。因为他是嵇康，舍生取义是他的宿命。

高适的一生，慷慨、热烈，一如他的边塞诗，大气、雄浑，高奏盛唐的强音。大器晚成，增加了他的魅力，也为他的传奇人生添上了浓墨重彩的一笔。

张爱玲说："出名要趁早。"然而，大器晚成也有别样的风景，一如高适的人生。

天宝十四载（755年），高适55岁，当时还只是陇右、河西节度使哥舒翰幕府里一个主管文书的小小掌书记，郁郁不得志。55岁，在古代已是垂暮之年，想有什么大作为已经几乎不可能了。然而高适没想到，人生的机遇此时正姗姗到来。

这年11月，安禄山起兵叛唐，"安史之乱"爆发。这场战乱改变了许多人的命运——杜甫在战争中流离失所，一度被叛军捕获，困于长安；王维则被迫接受安禄山朝廷的伪职，余生都活在痛悔和羞惭之中；李白在战争中追随永王李璘，事败后被判流放夜郎……

只有高适，在这场战乱中因祸得福，青云直上。他从一个小小的幕府掌书记，几年间迅速成长为雄霸一方的封疆大吏，官至剑南西川节度使，最后在刑部侍郎的高位上去世。这样的人生不可谓不传奇。

那么，他是如何逆袭的呢？

年少穷困

在逆袭之前，高适一度过着穷困潦倒的生活。

高适出身于显赫的武将世家。他的祖父高侃勇猛善战，官至安东都护、平原郡公、左监门卫大将军，死后陪葬于唐高宗李治的乾陵。他的两位伯父——高崇德和高崇礼，也因为军功卓著，分别担任并州司马和左卫中郎将。这样的出身，让高适的性格自带英武豪迈之气。

高适的父亲高崇文也不是普通百姓，曾做过韶州（今广东韶关）长史。只是很可惜，高崇文在高适幼年就去世了，高家从此慢慢衰落。高适在少年时期曾有过一段相当长的苦日子，然而苦难未能消磨他的意气，反而激起了他奋发有为、光宗耀祖的斗志。他刻苦习武攻读，期待未来有建功立业的机会。

20岁那年，高适来到京城长安，希望谋得一官半职。然而身为布衣，他无钱无权无人举荐，官场的大门对他关得死死的。无奈之下，他只能客游梁宋，定居于宋城（今河南商丘），过着耕田种地的农夫生活。

高适对于他在京城吃的"闭门羹"相当愤慨，多年后，还在一首名为《别韦参军》的诗里抱怨："二十解书剑，西游长安城。举头望君门，屈指取公卿。国风冲融迈三五，朝廷欢乐弥寰宇。白璧皆言赐近臣，布衣不得干明主。"

北上燕赵

流落宋城当农民，血气方刚的高适显然并不甘心。据说在耕读之时，他也不忘谈论"王霸大略"，把自己视为帮汉高祖刘邦谋天下的奇士——高阳人郦食其。他在《田家春望》一诗中写道："出门何所见，春色满平芜。可叹无知己，高阳一酒徒。"流露出落寞不平的情绪。

转眼，高适32岁，在宋城已蛰伏十余年。这年，大唐东北边境发生兵变。契丹、奚等部落投降突厥，唐朝边境纷扰不断，朝廷于是派信安王李祎率兵前去平息叛乱。

这个突发事件让高适激动不已，因为他早有投笔从戎之意。在唐朝，文人通过科举、推荐入仕的路如果走不通，往往会选择到地方大员的幕府求职。高适本来就出身将门，且有强烈的报国之志，现在国家边防需要人才，他自然不能不去试一试。于是，高适离开生活了多年的宋城，北上燕赵，去寻找建立功业的机会。

高适来到信安王的幕府，亲眼见证了信安王击败契丹和奚的过程。然而，尽管高适雄心勃勃地想要应征入幕，但遗憾的是，这次他并没有获得留在幕府从戎效力的机会。对此，高适十分失落，在《信安王幕府诗》中倾吐积郁："直道常兼济，微才独弃捐。曳裾诚已矣，投笔尚凄然。"

慷慨燕歌

高适在燕赵漂泊了两三年，始终没能找到入仕的门径。直到开元二十三年（735 年），皇帝突然下诏，要求地方官员举荐有"霸王之略"、学问高深、可担任将帅牧宰的人才。高适俨然看到了希望，于是奔赴长安，期待有所作为。只是很可惜，高适这次又没有被推荐上。此时，他已经35岁，在"三十而立"的古代，年龄已经不小了。

接下来的十来年，高适一直在四方奔走，到处寻找入仕的门路。虽然收获不大，但在四海漫游、广交朋友的过程中，他的诗写得越来越好，名气也越来越大。这年，高适的一位朋友跟随幽州节度使张守珪出塞归来，作了首《燕歌行》赠予高适。这首诗勾起了高适的重重回忆。北游燕赵的经历，曾在他生命中刻下深深的烙印，北疆大漠的茫茫风雪，也始终飘荡在他的心头。有感于在边塞的所见所闻，也为了唱和朋友，高适创作了《燕歌行》，正是这首诗，让高适在文坛获得了不朽声名——

汉家烟尘在东北，汉将辞家破残贼。

男儿本自重横行，天子非常赐颜色。

摐金伐鼓下榆关，旌旆逶迤碣石间。

校尉羽书飞瀚海，单于猎火照狼山。

山川萧条极边土，胡骑凭陵杂风雨。

战士军前半死生，美人帐下犹歌舞。

大漠穷秋塞草腓，孤城落日斗兵稀。

身当恩遇常轻敌，力尽关山未解围。

铁衣远戍辛勤久，玉箸应啼别离后。

少妇城南欲断肠，征人蓟北空回首。

边庭飘飖那可度，绝域苍茫无所有。

杀气三时作阵云，寒声一夜传刁斗。

相看白刃血纷纷，死节从来岂顾勋。

君不见沙场征战苦，至今犹忆李将军。

　　这首诗被认为是唐代边塞诗的压卷之作。诗中既有对视死如归的战士的礼赞、同情，又有对轻易开战、冒进贪功的边将的讥讽，在雄浑悲壮的慷慨书写中，对百姓寄予深沉的关切。"战士军前半死生，美人帐下犹歌舞"是诗中名句。

西域从军

　　天宝八载（749年），高适49岁，半生都已蹉跎过去，不料命运却在此时为他开启了进阶的门缝。这年春天，在睢阳太守张九皋的举荐下，高适参加了皇帝举办的特别考试——制科，一举考中"有道科"，之后被授予封丘尉之职。

　　县尉只是一个主管治安的从九品小官，但不管怎么说，总算走上仕途了，也算幸运。不过，高适在这个职位上仅仅干了几个月就辞职了。是高适不珍惜这个好不容易获得的机会吗？不是。事实上，县尉这个职位不仅辛苦，而且做的都是逢迎长官、欺压百姓的事，这让心怀良知和抱负的高适感到非常苦闷。"拜迎长官心欲碎，鞭挞黎庶令人悲。"这就是高适辞官的理由。

天宝十载（751年）秋，51岁的高适西出阳关，来到名将哥舒翰的幕府，做了一名掌书记，并在这个职位上一干就是四年。塞外从军的生活虽然艰苦、枯燥，但高适竟然过得挺开心，因为跟着哥舒翰南征北战、保家卫国，正符合高适的心愿——"屡陪投醪醉，窃贺铭山功。虽无汗马劳，且熟沙塞空。"只是孤身一人漂泊在塞外，前途渺茫，也让他难免心情低沉，感慨自己如蓬草一般飘摇不定——"一为天涯客，三见南飞鸿。应念萧关外，飘飖随转蓬。"

三个选择

然而，命运的大转机终于还是到来了。天宝十四载（755年），"安史之乱"爆发。这本是唐王朝的一场浩劫，但在战乱中，高适却凭借担当精神和良好的判断力，为自己赢得了步步高升的机会。

战乱爆发之初，高适做了第一个正确选择——毫不犹豫地追随哥舒翰踞守长安的东大门潼关，先被拜为左拾遗，随后升任监察御史，在国家危难之时表现出勇敢的担当。然而，由于唐玄宗的错误指挥，哥舒翰被迫出关作战，失利被俘。潼关失守，长安一下子失去了最后的屏障。唐玄宗仓皇西逃，准备前往蜀地避难。

此时，高适做了第二个正确选择——从潼关前线撤下来后，便一路跟着唐玄宗的逃亡足迹寻找皇帝，最终追上了玄宗。潼关失利后，将帅和士兵们四散逃命，几乎没人顾得上逃跑的皇帝。因而，高适的生死相随让唐玄宗十分感动。更令玄宗感动的是，高适向皇帝分析了潼关战败的原因，对军政提出了直言不讳的批评。这让玄宗感受到高适的正直可靠，于是他被提拔为侍御史，不久后升任谏议大夫。

接着，高适又做了第三个正确选择——战乱爆发后，太子李亨在灵武自行宣布即位，是为唐肃宗。被蒙在鼓里的唐玄宗一个多月后，才知道自己成了太上皇。他留恋权力，不甘退位，于是打算将几个儿子四海分封，让他们彼此牵制，从而维护自己的权力和尊严。永王李璘便在此时被封为江陵大都督。在这个父子争权的关键节点，高适出于对国家利益的维护，向玄宗进谏不可，担心造成国家内乱。这个谏议被唐肃宗知道后，对他大生好感。

果然，永王很快露出争夺天下的野心。唐肃宗便召见高适，倾听他的意见。高适为肃宗分析利弊，认为永王的反叛一定会失败。于是，唐肃宗任命高适为御史大夫、扬州大都督府长史、淮南节度使，出兵讨伐李璘。面对永王之乱，高适采取了分化瓦解的策略。这个策略很高明，高适的大军尚未出动，永王的部队便土崩瓦解，永王也在逃亡路上被杀。不战而屈人之兵，高适由此声名大振。

白璧之瑕

高适的余生，一直身处高位。他做过节度使，做过刑部侍郎，被封为渤海县侯，死后被追赠为礼部尚书。这在唐朝诗人中，是绝无仅有的。因此《旧唐书》说："有唐以来，诗人之达者，唯适而已。"

除了现实功业，高适还以他的雄心壮志和良善忠勇赢得了世人的尊敬，这从他死后谥号被定为"忠"可知。不过，把历史的镜头拉远，当人们从更大的视角审视高适时，还是发现了他的瑕疵。这瑕疵，就是他在扫平永王叛乱时，对朋友李白的冷漠。

高适四十多岁不得志时，曾和李白、杜甫漫游于梁宋，结下深厚的友谊，度过了一段诗酒快意的人生。然而，与高适有良好的政治敏感度与政治判断力不同，李白在政治上很天真、很烂漫，在安史之乱中，竟稀里糊涂加入了永王的队伍，在永王失败后，以附逆的罪名被捕入狱。

　　李白下狱后，第一个想到的求救对象就是讨伐永王的主帅高适。李白以热情而焦灼的语气给高适写了一首诗《送张秀才谒高中丞并序》，高度赞扬了高适的才华和能力，期待他能给"犯了错误"的自己一个改过的机会——"高公镇淮海，谈笑却妖氛……我无燕霜感，玉石俱烧焚。但洒一行泪，临歧竟何云。"但收到李白投诗的高适，却选择了沉默。

　　历史上对高适的见死不救有多种猜测：一种看法认为，高适之所以不愿救李白，是因为附逆是大罪，是当权者极为忌讳的事情。高适如果在此时伸出援手，会引火上身，影响自己的仕途。另一种看法认为，高适和李白的交情已经是十年前的事情了，到这个时候，感情已经相当淡漠，而且高适并不太能理解李白的天真，此时也不屑于营救他。还有一种看法认为，高适其实不是不想救李白，而是此时他身为讨伐永王的主帅，身份太敏感，如果出面营救李白，反而会让李白成为众人关注的焦点，让他的处境更不利，此时不救他，反而是真正的救。

抛开瑕疵总而言之，高适的一生，慷慨、热烈，一如他的边塞诗，大气、雄浑，高奏盛唐的强音。大器晚成，增加了他的魅力，也为他的传奇人生添上了浓墨重彩的一笔。如果说有人的人生是一曲战歌，高适的显然就是。

刘禹锡就是有一种能让自己愉快生活的能力，这种乐天是他的精神底色。与此同时，他也是个坚强不屈的人，不管命运如何打击他，他都不会退缩畏惧。

如果命运接二连三地打击你，你会选择消沉、逃避，还是狠狠还击？唐代诗人刘禹锡也许会给我们提供"解题思路"。

革新遭贬

刘禹锡，字梦得，河南洛阳人。刘禹锡出生前，他的母亲梦见古代圣贤大禹亲手将一个男孩交给她，于是给儿子取名"禹锡"（古代"锡"通"赐"）。也许因为刘禹锡的祖先是匈奴人，他的身体里流着"马上民族"

热情彪悍的血液，刘禹锡生来便有刚强、坚毅的性格。刘禹锡幼时身体并不强壮，甚至可以说体弱多病，但他并没有放任自己变得娇弱，而是刻苦锻炼，努力提高身体素质，并在年龄稍长后自学医术，琢磨药方，自我医治。后来，他久病成医，以自己的治病经历为主线，写下了一篇文章，名叫《鉴药》。

刘禹锡的父亲刘绪一直在江南做官，因此刘禹锡的少年时代是在江南度过的。江南经济、文化发达，刘禹锡从小接受了良好的文化教育，培养了优异的文学才能。他自幼学习作诗，曾得到著名诗僧皎然、灵澈的指导点拨。19岁那年，刘禹锡离开江南，游学长安，很快便以诗闻名，震动京城。21岁时，他参加科举考试，两年连登三科，顺利迈入仕途。

到这里，刘禹锡的人生称得上顺风顺水。然而，命运的转机来自一场当时的政治改革。在刘禹锡生活的时代里，安史之乱刚刚结束，唐王朝面临种种内忧外患，最突出的危机便是藩镇割据与宦官专权。当时的有识之士有志于改变国家的不利现状，这些人中就有年轻的刘禹锡和柳宗元。永贞元年（805年），唐顺宗任用王叔文、王伾开展政治改革，史称"永贞革新"，刘禹锡和柳宗元也积极参与其中。然而，这场改革仅维持了146天就宣告失败。唐顺宗被迫将皇位传给长子李纯，这就是唐宪宗。

唐宪宗即位后，对革新派非常仇恨。他联合宦官和大臣将革新派的主要成员王叔文、王伾、刘禹锡、柳宗元等十人全部贬到偏远州郡，后来又赐死了王叔文，史称"二王八司马事件"。在这场政治清洗中，刘禹锡先被贬为连州（今广东连州）刺史，在赴任的路上又追贬为朗州（今湖南常德）司马。为了惩罚革新派，唐宪宗还下诏书宣布，即便遇到朝廷大赦，革新派也不在宽赦之列。

坚强不屈

从 34 岁到 43 岁，刘禹锡最年富力强的时光是在朗州贬所度过的。历史上文人遭遇贬谪之后，常常陷入消极的情绪，哀怨不已，连"诗仙"李白、"文宗"韩愈都不能幸免。李白被判流放夜郎时，就写诗哭诉说："平生不下泪，于此泣无穷。"韩愈被贬潮州后，则几乎失去了求生意志，悲观地叹息："知汝远来应有意，好收吾骨瘴江边。"但刘禹锡显然和他们不太一样。

首先，刘禹锡绝不肯"哭哭啼啼"，相反，敌人越希望他意志消沉，他越表现得若无其事。刘禹锡有两首著名的《秋词》：

其一

自古逢秋悲寂寥，我言秋日胜春朝。
晴空一鹤排云上，便引诗情到碧霄。

其二

山明水净夜来霜，数树深红出浅黄。
试上高楼清入骨，岂如春色嗾人狂。

这两首诗的了不起之处就在于：他摈弃了传统文人"伤春悲秋"的老路子，开启了"赞秋颂秋"的新思路，赋予秋天新的意境、新的精神面貌，而这两首诗正作于他被贬朗州之时。此时的刘禹锡处于人生的低谷，却偏要骄傲地扬起头来对抗命运的打击，这两首诗透出的豁达开朗的气象表明他的精神非常强大。

不仅如此，刘禹锡还以高昂的斗志对敌人进行了有力的回击。他写下《聚蚊谣》《百舌吟》《飞鸢操》等战斗性极强的诗歌，向黑恶势力猛烈开火。在《聚蚊谣》中，他把镇压"永贞革新"的权臣、宦官比作"利嘴迎人看不得"的蚊子；在《百舌吟》中，他把口蜜腹剑的奸邪小人比作"笙簧百啭音韵多"的百舌鸟；在《飞鸢操》中，他把争权夺利、嫉贤妒能的官场庸徒比作"腾音砺吻相喧呼""瞥下云中争腐鼠"的饥饿乌鸦，表现出疾恶如仇的傲岸态度。

因诗再贬

也许是因为唐宪宗的敌意有所减退，元和十年（815年），刘禹锡终于结束了长达十年的政治流放，被召还回京。这次返京，刘禹锡的精神还是相当振奋的，与朋友柳宗元写下多首唱和诗歌，表达了想要重整旗鼓的决心："十年楚水枫林下，今夜初闻长乐钟。""十年毛羽摧颓，一旦天书召回。看看瓜时欲到，故侯也好归来。"

这年阳春三月，春风拂面，刘禹锡心情大好，和朋友们到玄都观赏花。玄都观是长安城南的一个道观，十年前，刘禹锡被贬出京时，这里还没有太多花木，来游赏的人也不多。而十年间沧海桑田，这里已发生了很大的变化，道士们在观中遍植桃树，春天花开时，灼灼如霞，吸引了大量游人前来观赏。在这次赏花的过程中，刘禹锡写了一首诗，没想到就是这首短短的诗歌，又激起了一场轩然大波。这首诗就是《元和十年自朗州至京戏赠看花诸君子》：

紫陌红尘拂面来，无人不道看花回。
玄都观里桃千树，尽是刘郎去后栽。

有人认为这首诗就是单纯抒发一种世事变迁的感慨，但当时和后世之人多把这首诗看成一首讽刺诗，表面上写的是玄都观的桃花和游人，实际上是在讽刺那些投机取巧、趋炎附势、春风得意的反对"永贞革新"的新权贵。其实，无论刘禹锡是否有意在诗里包含讥刺，在他的政敌们看来，这都是一次打击他的绝佳机会。于是，写了这首诗后，刘禹锡立马又被远贬出京。而这次贬得更远，是播州（今属贵州遵义）。多亏朋友裴度、柳宗元向皇帝求情，最后他才被改到稍微近一点的连州。

从 44 岁到 57 岁的十三年间，刘禹锡先后任连州、夔州、和州的刺史，辗转于岭南和巴山楚水之间，始终不得回京。眼看年华日渐蹉跎，但他始终不改坚忍的意志和乐观的心态。朝廷不用我，好，那我就放开胸怀，到广阔的民间寻找精神养料！巴山楚水对于追求仕途的人来说，不亚于凄凉之地，然而在这里，刘禹锡却发现了山水的美好、民歌的魅力。

在夔州任刺史时，他吸收了巴渝民歌的营养，创作了组诗《竹枝词》，其中一首是人们最为熟悉的：

杨柳青青江水平，闻郎江上唱歌声。
东边日出西边雨，道是无晴却有晴。

长庆四年（824年）秋，刘禹锡从夔州调任和州，沿江经过洞庭湖，被秋夜月光下洞庭洞的景色打动，创作了山水名篇《望洞庭》：

湖光秋月两相和，潭面无风镜未磨。
遥望洞庭山水翠，白银盘里一青螺。

在这些诗歌里，他没有哀怨，没有自怜，有的是仰观天地、俯察万类的自在之心。

始终笑傲

刘禹锡就是有一种能让自己愉快生活的能力，这种乐天是他的精神底色。与此同时，他也是个坚强不屈的人，不管命运如何打击他，他都不会退缩畏惧。宝历二年（826年），刘禹锡在度过了二十多年的贬谪生涯后，终于结束流放，奉调回到东都洛阳。大和二年（828年），在朋友裴度的努力下，刘禹锡回到长安任主客郎中。

此时，朝中已经发生了很大的人事变化，皇帝换了四任，曾经因为《元和十年自朗州至京戏赠看花诸君子》这首诗排挤他的政敌武元衡也早就死去。

刘禹锡重游玄都观。此时的玄都观和十四年前相比，桃树荡然无存，院子里只有青苔遍地，野草飘摇。有感于沧桑巨变，刘禹锡写下了《再游玄都观》绝句：

百亩庭中半是苔，桃花净尽菜花开。
种桃道士归何处？前度刘郎今又来。

这首诗旧事重提，向曾经打击他的政敌不客气地挑战。全诗充满慨叹激愤、嘲讽责问、骄傲自豪的复杂感情，表达了一种绝不屈服的坚定信念，可谓笑到了最后。

刘禹锡大半生都是在挫折中度过的，但他最令人敬佩的就是"虽九死其犹未悔"，且不改乐观昂扬的斗志。白居易和刘禹锡同岁，晚年时，白居易曾给刘禹锡赠过一首《咏老赠梦得》诗，诗中流露出对衰老极为悲观的情绪。而刘禹锡是怎么回复的呢？他说："经事还谙事，阅人如阅川。细思皆幸矣，下此便翛然。莫道桑榆晚，为霞尚满天。"意思是，阅人无数、世事洞明，老也有老的好处。如果对衰老抱超然的态度，老也有老的风景，就像落日时满天的晚霞，也是很美丽的。这是何等旷达！

如果要问刘禹锡是如何拥有这样的心态的，除了天性豁达之外，也许最大的因素就是他在内心始终相信自己的价值，坚守自己的理想。任夔州刺史时，刘禹锡曾写过一组《浪淘沙》，其中有一首，仿佛是他的内心独白：

莫道谗言如浪深，莫言迁客似沙沉。
千淘万漉虽辛苦，吹尽狂沙始到金。

内心拥有金子般坚定的信念，便能在千磨万难中经受考验，矢志不渝，为理想而坚持。这也许就是一个人面对厄运时最好的心态。

潘阆：不羁不惧不要命，反而活成了传奇

任性、狂野、不羁，活到如此境界，可以说潘阆是诗人里十足的另类。他不管不顾、"不要命"，却屡屡化险为夷。

平淡的人生是相似的，精彩的人生却各有各的精彩。

北宋诗人潘阆在诗歌史上也许不算特别著名的诗人，

但他的人生狂放不羁、飞扬任性，有一种传奇的魅力，令人神往。

逃避追捕

潘阆字梦空，一字逍遥，自号"逍遥子"，大名（今属河北）人，一说是扬州人。潘阆诗才不俗、自视甚高，年轻的时候，人人都去追逐功名，唯有他不走寻常路，不屑于参加科举考试，跑到东京汴梁讲堂巷开了家药铺卖药材。他的朋友因此称赞他："算应冷笑文场客，岁岁求人荐子虚。"

虽然只是一介书生，但潘阆一点都不安分守己。他为人豪放不羁，老想做点大事，不知怎么就和当时的宰相卢多逊搅和在了一起。宋太祖去世前后，卢多逊打算立太祖的三弟秦王赵廷美为帝，而非支持后来的宋太宗，潘阆正是秦王的记室参军，于是他就加入了密谋。"书生造反，三年不成"，潘阆完全没有造反的经验，行事也太过招摇。比如，他找了刘少逸和鲍少卿两个俊美的少年当药童。这两个药童衣冠鲜明，风神秀丽，引得人们都来围观，那保密工作还怎么做呢？自然是失败了。

宋太宗登基后，清算卢多逊一党的"罪行"，潘阆也在清算的行列。一开始，他还不知道此事，作诗感叹说："不信先生语，刚来帝里游，清宵无好梦，白日有闲愁。"谁知话音刚落，就听说朝廷派人来抓自己，于是他拔腿就跑。潘阆躲到一户人家，威胁他们说："我谋反的事情被发现了，朝廷正在追捕我。我死的话只死一人，但你们要是被发现窝藏罪犯，可是全家都要死的，还有可能株连九族，连邻居也跟着遭殃。你们看着办吧！是把我扭送官府还是藏起来？"那家人没办法，只得将他藏在壁橱里，躲过了官兵的追捕。

等到风声没那么紧后，潘阆剃了头发，穿上僧袍，假扮成僧人，半夜三更悄悄溜出城去。此后，他又化装成箍桶的匠人，逃到朋友阮思道家中。阮思道不敢隐藏他，但也不忍眼睁睁看他遭殃，就装成不认识他的样子，让下人带他在院子中箍桶，拿了一些钱放在桌子上，出门去了。潘阆一下子就明白了阮思道的意思，他趁人不注意，拿上钱就溜走了。过了一会儿，阮思道回来，问仆人："桌子上的钱和箍桶匠呢？"仆人说："不知道啊！"阮思道就装模作样地把仆人打了一顿，并命他去寻找偷了钱的箍桶匠。这样·来，阮思道把自己也撇清了。

再生风波

密谋立秦王的事情过去几年后，风声慢慢平息了。宋太宗在宦官王继恩的推荐下，决定不计前嫌召见潘阆，还赐他进士及第的出身及国子四门助教的官职。按说往虎口里探了探头，总该收敛一点了吧，潘阆偏不！他一路飞奔将狂妄进行到底。早在之前扮成僧人逃离京城之时，他就敢在一家寺庙的钟楼上题诗："散拽禅师来蹴鞠，乱拖游女上秋千。"引起寺里僧人的怀疑，不得不离开。这次得到宋太宗的宽赦，他又故态复萌，写了首《扫市舞》词："出砒霜，价钱可。赢得拨灰兼弄火，畅杀我。"他太得意忘形了，惹得宋太宗大发雷霆，又把诏书追了回来。

说来潘阆也真是命大。宋太宗驾崩之前，潘阆不吸取教训，又与王继恩等人密谋立太祖之孙惟吉为帝。事情败露之后，宋真宗即位，将王继恩等人全部逮捕。潘阆逃到舒州潜山寺，后来被抓进了监狱。宋真宗命人将他审讯一番后，竟把他放了，还给他安排了滁州参军的职位。赴任滁州途中，潘阆可能觉得自己老这么折腾也太不像话了，于是写了首诗，诗中有言："微躯不杀谢天恩，容养疏慵世未闻。"意思是：自己能保住命也该感谢皇帝的宽容。他从此不再参与政治活动，开始了逍遥自在的隐士生活。

潘阆后半生过得相当幸福，他遨游大江南北，放怀湖山，看遍四海美景后，最终死于泗上（今江苏淮阴）。去世后，道士冯德之把他的遗骨迁葬到了杭州。杭州现在还有潘阆故宅、潘阆祠、潘阆巷。

得名"谪仙"

潘阆有《逍遥集》传世，今存诗80首，诗词有清奇飘逸之美。他曾写过一首《九华山》，清俊俏皮，是山水诗中的佳品："将齐华岳犹多六，若并巫山又欠三。好是雨余江上望，白云堆里泼浓蓝。"

他还有10首《酒泉子》词，也是词中珠玉。其中最著名的一首写道：

长忆观潮，满郭人争江上望。来疑沧海尽成空。万面鼓声中。

弄潮儿向涛头立。手把红旗旗不湿。别来几向梦中看。梦觉尚心寒。

这首词描写钱塘江大潮的壮阔景观，气势雄浑，粗犷豪放，鲜活的生命力跃然纸上。

另一首《忆馀杭》词，也广受世人追捧：

长忆西湖，尽日凭阑楼上望。三三两两钓鱼舟。岛屿正清秋。

笛声依约芦花里。白鸟成行忽惊起。别来闲整钓鱼竿。思入水云寒。

这首词被认为"句法清古""语带烟霞"，后来钱希白、苏轼都非常喜欢这首小词，将它题写在翰林院玉堂署的后壁上。石曼卿还命画工根据词的意境，画了一幅彩色的西湖小景图。

潘阆还喜欢写好玩的"打油诗"。信州铅山县（今属江西上饶）治所北边有一座资福院，院中有泉水从山壁下涌出，澄澈如镜。潘阆移任太平州散参军之职时，从这里经过，看到这眼泉水，留下一首绝句小诗："炎炎畏日树将焚，却恨都无一点云。强跨寒驴来得到，皆疑渴杀老参军。"这首诗风趣幽默，闻诗仿佛能听到诗人的语气。有这样的诗才，人又疏荡不羁，难怪当时的人以李白来比潘阆，也称他为"谪仙"。

倒骑毛驴

有才、命大、张扬，除此之外，潘阆还是个相当富有生趣的人，甚至有一点孩童的顽皮。与他同时代的，有个文学家叫柳开，与潘阆是朋友。柳开一惯心气比较高，常被潘阆嘲笑。有一年，柳开到全州上任，途经扬州。作为朋友，潘阆自然要招待他。两个人来到柳开下榻的驿馆，发现有个屋子门窗紧闭，看上去神秘而诡异。据说这个屋子闹鬼，已经有数十年没人居住了。柳开一听，很感兴趣，说："我的文章写得好，可以惊鬼神、震夷夏，有什么好怕的！"立马叫人打扫干净，住了进去。潘阆见状心中窃喜，冒出了个主意想捉弄他一下。

这天夜里，潘阆把全身涂成黑色，穿着豹纹衣服，嘴里叼着兽牙，披头散发，手执金锤，大摇大摆地走进柳开的屋子，坐在堂上。柳开正持剑四处巡逻，忽然听到一声巨吼，声音如狮如虎，不禁胆战心惊，抬头一看，一个妖怪端坐在堂上，顿时惶惧不已。这时，潘阆开口了，把柳开平时做的不法之事——道来，吓得柳开倒头便拜，痛哭流涕。潘阆哈哈大笑，跳出来亮明真身，说："我是潘阆啊！"把柳开弄得气急败坏。潘阆知道柳开生性暴躁，当晚就远远地逃走了。

潘阆还有一个很像行为艺术的举动——倒骑驴。他有一首《过华山》，写的就是"倒骑驴"的故事："高爱三峰插太虚，掉头吟望倒骑驴。旁人大笑从他笑，终拟移家向此居。"原来，早年时，潘阆在华山跟着师父陈抟隐居。后来他想入京求仕，但又舍不得自由自在的隐居生活，于是他就倒骑毛驴，从华山出发，前往汴京，以示淡泊名利，还扬言："我爱看的是华山，其实不喜欢进京。"后来，"倒骑驴"成为狂狷文人的典型形象，也成为诗人、艺术家创作灵感的来源。北宋画家许道宁画有"潘阆倒骑驴"图，潘阆的朋友魏野也有诗句流传："从此华山图籍上，又添潘阆倒骑驴。"

一生不羁

潘阆的故事真真假假，有些考证有据，有些则不乏小说家言。比如，有学者研究认为，潘阆平生卷入皇位之争只有一次，就是被宋真宗追捕那次，另外一次可能是后人的附会；再比如，潘阆有隐逸之名，但后人多认为他其实没那么恬淡脱俗，入世之心还是相当强烈的。他曾多次参加科举考试，却没有考中；流落江湖卖药时，也热衷于结交达官贵人，希望得到入仕的机会。他被授予滁州参军职位时所写的"微躯不杀谢天恩，容养疏慵世未闻"，表面上是感谢皇帝，其实是发泄怀才不遇的牢骚。

不过，诗人们还是很喜欢潘阆的。苏轼有诗曰："陶潜自作五柳传，潘阆画入三峰图。"宋白《赠潘阆》诗云："宋朝归圣主，潘阆是诗人。"金代的密璹将潘阆比作诗仙李白："风姿便认王摩诘，蕴藉还疑李谪仙。"元代的赵汸将潘阆比作道士葛洪："花间市隐如潘阆，湖上仙居似葛洪。"元代的张昱也题诗曰："钱塘吟士长相望，潘阆林逋孰后先。"都对潘阆表现出欣赏之情。

任性、狂野、不羁，活到如此境界，可以说潘阆是诗人里十足的另类。他不管不顾、"不要命"，却屡屡化险为夷。潘阆的一生，生动诠释了什么叫作"向死而生"。也许人生就需要这么一种英勇，你知道自己想成为什么样的人，放手去做，无畏无惧，反而成就了传奇。

第五章 ● 生活用烈火熬煮我，我终会馈回香气四溢

烹煮

韩愈：一辈子敢说敢做，最终成为百世师表

韩愈一生，有过多次为国为民请命的行为，表现出公而忘私、奋不顾身的大无畏精神。

"师者，所以传道受业解惑也。"这是唐代大文学家韩愈在《师说》一文中留下的千古名言。

在这篇文章中，韩愈对当时"耻学于师"和"羞于为师"的社会风气进行了严厉批评，劝勉人们勇于向有学问、有道德的人学习，也劝勉有学问、有道德的人敢于为师、拨乱反正，让社会风气回归良好。而写下这篇雄壮奇文的韩愈，也是一位正直爱民、勇于担当的士大夫，他的学问、道德堪称师表楷模。

仕途艰辛

身为古文运动的主要倡导者、唐宋古文八大家之一，韩愈在文学界的地位是崇高的。宋代大文豪苏轼曾对韩愈做出极高评价："文起八代之衰，而道济天下之溺；忠犯人主之怒，而勇夺三军之帅。"然而，这位具有划时代意义的文学家，却出身贫寒，人生充满坎坷困顿。

唐代宗大历三年（768 年），韩愈出生于一个下层官吏之家。他的父亲在他 3 岁时就早早去世，他的母亲出身低微，因此他是由长兄和长嫂抚养长大的。韩愈的叔叔韩云卿与他的长兄韩会都颇具文学才华，对韩愈影响很大，他们虽然官职不高，但在文人圈子里很有声望。

韩愈从小读书就很刻苦。一方面，叔叔和长兄为他树立了良好的榜样；另一方面，由于没有父母护持，他深知读书是自己人生唯一的出路。韩愈很有文学天赋，7 岁就能写出令人惊艳的文章，才华得到了当时著名文人萧存的赏识。只是很不幸，在韩愈 12 岁时，他的长兄韩会也英年早逝，一家老小全部依靠寡嫂郑氏供养，生活变得异常困顿。于是，韩愈读书更加用功，希望能早日自立，支撑家庭。

19 岁时，韩愈只身前往京城长安，开始自己的求仕生涯，但他的求仕之路走得异常艰难。唐朝的科举制度很注重考生的出身门第，显贵人家的子弟考科举很容易，而寒门士子考科举却难如登天。因此，出身寒微的韩愈一连三次参加科举考试都名落孙山，直到第四次有贵人举荐，又遇到了赏识他的考官，才考中进士。

不过，考中进士只是取得了进入仕途的初步资格，之后还要通过吏部的考试，才能分配官职。韩愈连续三年参加了三次吏部考试，都以失败而告终，失败的原因无他，只因他是寒门子弟。甚至有一次，韩愈已经通过考试了，结果到了复试那一关，又被更有背景的人挤了下来。因此，韩愈对这样的遭遇，深感屈辱与悲愤。

多年以后，当韩愈跻身名流，成为文坛领袖，并获得一定的社会地位后，他对那些有才华却孤立无援的寒门子弟，表现出异乎寻常的热情，提携他们，资助他们，为他们铺路。韩愈之所以这样做，正是有感于自己年轻时求仕的艰辛。

为师之道

从28岁到35岁，韩愈是在东奔西跑、漂泊不定的状态中度过的。因为吏部的考试总通不过，谋不到官职，长安物价又很贵，他无法长期居留，只能到藩镇幕府谋个小差事，这让志向高远的韩愈深感压抑。而就在他进入藩镇幕府勉力求仕时，还两度遭遇兵变，差点丧命，这让他的心情更加抑郁。

不过，这仕途蹉跎的几年却也是他文学上的丰收年。32岁这年，韩愈完成了他学术上重要的五篇文章《原道》《原性》《原毁》《原人》《原鬼》。"五原"的创作，奠定了韩愈在儒学上的坚实地位，加上他之后创作的《答李翊书》《与冯宿论文书》等，确立了他在古文（溯源于先秦两汉的散文）写作上的领导地位。

随着韩愈名声渐起，许多有志于古道、古文的青年士子纷纷向他请教。34岁这年，他被朝廷任命为四门博士。这是一个主管教育、教学的学官，隶属于国子监，能接触大量青年学子。韩愈很有师者风范，对于当面向他求教的年轻人，他有问必答，循循善诱；对于写信向他求教的年轻人，他有信必回，将古文创作的方法和盘托出，并勉励青年学子重视道德品质的涵养。

有感于当时的人耻于向有学问者学习、请教，而有学问者也耻于以老师的身份教授别人，韩愈创作了《师说》一文。在这篇文章中，他提出"无贵无贱，无长无少，道之所存，师之所存"的观点，倡议人们不要顾忌对方地位的高低贵贱、年龄的长幼大小，只要对方拥有学问道德，就要把对方当作老师，勇于请教。

韩愈毕生都对教育事业十分重视。他四次担任国子监的学官，在任上都兢兢业业，为教育事业的振兴建言献策。韩愈晚年曾当过教育机关的首长——国子祭酒，学生们听说他要主管国子监，欣喜地奔走相告："韩公来当祭酒，国子监不寂寞了。"在国子祭酒的任上，韩愈听说有一位直讲（辅助博士讲课的低级学官）擅长讲《礼》，却因为外表寒酸丑陋而被国子监的权贵学官们排斥，不让直讲跟他们一起吃饭。于是，韩愈吩咐手下说："你把直讲叫来，让他和我一起吃饭。"从此，那些权贵学官再也不敢瞧不起这位直讲了。

功业巅峰

韩愈一生，有过多次为国为民请命的行为，表现出公而忘私、奋不顾身的大无畏精神。

贞元十九年（803年），关中遭灾，粮食歉收，发生了饥荒。按照惯例，大灾之年，朝廷会减免一定的赋税，帮助百姓渡过难关。然而，京兆尹李实却对皇帝撒谎说："今年虽然遭了灾，但禾苗长得很好，粮食大丰收。"受到蒙蔽的皇帝于是下令不再减免赋税，以致长安饿殍遍地，老百姓只能倾家荡产给朝廷缴税。

文武百官虽对事实了如指掌，但都选择了沉默，不敢跟李实和皇帝对抗，只有刚当上监察御史的韩愈不顾个人安危，上疏向皇帝汇报了实情，还对皇帝、李实及玩忽职守的百官提出了批评。了解实情的皇帝采纳了韩愈减免赋税的意见，却在十天后将其贬往遥远的阳山（今属广东清远）。这无疑是对韩愈的直言劝谏施加的惩罚。这也是韩愈政治生涯遭遇的第一次重大挫折。

唐朝中期，社会的一大顽疾是藩镇势力过强，侵蚀中央权威。朝廷的有识之士都希望削弱藩镇力量，加强中央集权，韩愈更是旗帜鲜明地支持削藩。元和九年（814年），四大强藩之一的淮西发生叛乱，唐宪宗计划出兵讨伐淮西代理节度使吴元济。平卢节度使李师道担心唇亡齿寒，百般阻挠朝廷出兵，甚至派刺客杀害了主战的宰相武元衡，刺伤了御史中丞裴度。朝廷上下笼罩着恐怖的气氛，许多大臣心怀忧惧，主张向嚣张的藩镇低头。

在这危急存亡的时刻，又是韩愈表现出大义凛然的正气。他不仅力劝皇帝出兵，而且给皇帝条分缕析淮西的形势，预示必胜的前景。在韩愈的积极鼓动下，皇帝最终坚定了开战的决心。而韩愈的脚步没有停留在纸上谈兵上。元和十二年（817年），他以行军司马的身份加入军队，走上了讨伐吴元济的一线战场。

在这场战争中，韩愈表现出超凡的智慧和胆识。战前，他说服宣武军节度使支持朝廷，为征讨淮西解除后顾之忧；战后，他用高超的言辞兵不血刃地说服吴元济的同盟——成德军节度使王承宗投降朝廷，给淮西之战画上圆满的句号；而在战争中，他也有奇谋贡献，曾瞅准敌人内城空虚，向主帅裴度请求率领一千精兵，杀进城中，直取贼首。裴度起初出于谨慎，没有答应他的请求，但后来认为韩愈的判断是正确的，派人依计行事，果然一举拿下了吴元济，取得了战争的关键性胜利。

淮西之战是韩愈一生功业的巅峰，战争结束后，韩愈写下千古雄文《平淮西碑》，纪念这场战争。这篇气势恢宏的文章，得到李商隐和苏轼的盛赞。苏轼曾有诗曰："淮西功业冠吾唐，吏部文章日月光。"

被贬潮州

淮西平定后，唐宪宗慢慢生出骄奢之心，任用小人，迷恋神仙方术，妄想长生不老。元和十三年（818年），唐宪宗听说扶风县法门寺塔内的佛骨有灵，迎取供养能带来祥瑞，于是派宫人僧众前去迎接佛骨。皇帝的荒唐迷信令韩愈非常不满，他不顾忌讳，写下《论佛骨表》，上表力谏。

韩愈此表直陈迷信僧佛的危害，言辞犀利辛辣，对皇帝造成极大的刺激。唐宪宗大怒，当场表示要杀了韩愈，幸亏被大臣们拦住，这才决定饶他不死，将其贬往僻远的潮州（今属广东）任刺史。

皇帝的命令下达后，韩愈便被要求即刻上路，不能停留。有小人落井下石，说罪臣的家属也不可留在京师。于是，韩愈前脚刚出京城，他的一家老小百十口人，便也被驱赶着离开了京城。韩愈12岁的幼女此时正生着重病，因为受到惊吓，又被逼迫着赶路，饮食失调，不幸夭折在路上。而韩愈直到数月后赶到潮州才得知这个噩耗。

韩愈此贬，可以说是人生遭遇的最大挫折。贬谪途中，行至蓝田关，韩愈的侄孙韩湘远道赶来，随他一同南迁。韩愈写下著名诗篇《左迁至蓝关示侄孙湘》，抒发悲愤的心情：

一封朝奏九重天，夕贬潮州路八千。
欲为圣明除弊事，肯将衰朽惜残年！
云横秦岭家何在？雪拥蓝关马不前。
知汝远来应有意，好收吾骨瘴江边。

这首诗的颔联表明，韩愈认为自己虽然惹怒了皇帝，但出发点完全是为了帮朝廷革除弊病，为此甚至不惜牺牲政治前途和个人生命。因为坚信自己在做正确的事，他认罪而不认错，始终不肯低下倔强的头颅。

忠而被贬，令人忧愤，然而韩愈并没有因此懈怠公务。潮州有买卖人口的陋习，韩愈到任后，便努力采取各种措施遏制此风。潮州有鳄鱼危害人畜，韩愈便率领民众筑堤排水，以绝鳄患，还写了一篇诙谐的《祭鳄鱼文》，警告鳄鱼不要再兴风作浪。韩愈还坚持兴办教育，他选拔有才之士到官府任职，又从自己微薄的俸禄里挤出钱来兴办州学。尽管在潮州只待了半年，韩愈却是潮州人文史上影响最大的人。潮州人民感念韩愈，给子弟取名时，常常带一个"韩"字。

韩愈贬谪潮州两百多年后，宋哲宗元祐七年(1092年)，潮州知州王涤重修韩愈庙，请另一位大文豪苏轼为此庙撰写碑文。苏轼慨然从命，写就名篇《潮州韩文公庙碑》。"匹夫而为百世师，一言而为天下法"是碑文开篇的第一句话，也是苏轼对韩愈的褒扬与赞赏。

"百世师"的"师"字，可以理解为老师，也可以理解为榜样。那么，什么样的人能成为千秋百代的师表呢？无疑当是为国为民的忠直之士。韩愈，是当之无愧的"师者"。而苏轼本人在漫长的贬谪生涯中，也展现出坚韧、勇毅的品质，不能说身上没有韩愈的影子。

范仲淹：殚精竭虑不被理解，心系天下名垂不朽

儒家将"立德、立功、立言"称为"三不朽"，认为这三件事做到其一，便足以名垂千古。纵观范仲淹一生，立德、立功、立言，无一没有做到极致。

《岳阳楼记》所表现出的"**先天下之忧而忧，后天下之乐而乐**"的博大情怀，千百年来尤其为人所称道。

而这篇文章的作者范仲淹不仅在文字中高扬"先忧后乐"的济世精神，还在实践中躬行为国为民的崇高理想。因此，范仲淹被树立为古代士大夫的楷模，影响了一代又一代的有志之士。

不为良相，便为良医

范仲淹，字希文，苏州人，出身于北宋一个低级

官僚家庭。他的父亲范墉在他两岁时去世，他的母亲只得带着他改嫁长山（今属山东邹平）朱文翰，范仲淹也因此改名朱说。继父对范仲淹不错，不仅养育他，还供他读书。成年后知道自己身世的范仲淹对此感激不已，在仕途显达后，还上表请求朝廷给继父赠予官阶，对朱氏子弟予以提携，以示不忘朱氏之恩。

可能因为继父和生父一样官职不高，家境并不富裕，因此，范仲淹年少读书时，生活一度相当艰难。关于范仲淹生活的清贫，有一个著名的"划粥断齑"的故事：范仲淹年少时曾在一座寺庙里用功苦读，因为生活贫穷，吃不饱饭，每天只能煮一锅粟米粥，等其放凉凝固后，用刀划为四块，早晚各取两块，就着切碎的腌菜"齑"果腹。这样的日子一过就是三年。

20岁时，在一次与朱家兄弟的争执中，范仲淹无意间得知自己的身世，于是决定不再依附朱家生存。他告别母亲，入读南京（今河南商丘）应天书院，决心一定要出人头地。他夜以继日地读书，五年未曾解衣就枕，读书读累了，就用冷水洗把脸继续读。因为没有经济来源，他甚至连粥也吃不饱，有时候一天只吃一顿饭。他的一位同学是南都留守的儿子，回家告诉自己的父亲，范仲淹是如何发奋苦读的。南都留守就吩咐官府准备一份免费饭菜送给范仲淹。没想到范仲淹婉言谢绝了这份好意，说："我吃粥习惯了，吃了好的饭菜后，再吃粥就会觉得苦了。"

就这样，范仲淹在艰苦的生活中磨砺出坚韧不拔的个性，并且在刻苦读书的过程中培养出高尚的品格，树立起经世济民的远大理想。读书时范仲淹曾写过一首《齑赋》，其中有名句曰："陶家瓮内，淹成碧绿青黄；措大口中，嚼出宫商角徵。""齑"就是捣碎的姜、蒜、韭菜、辣椒等腌菜；"措大"就是贫寒的读书人。在这篇赋里，范仲淹不仅不以食齑为苦，反而以乐天旷达的心态对清贫的生活甘之如饴。范仲淹曾在科举登第前，对着神灵许愿：一愿为宰相，二愿为良医。他说："如果不能利益众生，这就不是大丈夫的平生之志。"在他看来，成为良相或成为良医，便是利国利民的最好途径。

经过如此刻苦的锤炼，范仲淹自然在科举场上顺风顺水。宋真宗大中祥符八年（1015 年），他进士及第，这一年，他 27 岁。

立德

初入政坛，范仲淹便具有尽心为民、刚正不阿的可贵品质。他仕途的起点是广德军（今安徽广德）司理参军事。司理参军事只是一个掌管刑狱的芝麻小官，但范仲淹并没有因为官小就敷衍塞责或唯上级命令是从。在这个职位上，他干得异常认真，不放过一个坏人，也不冤枉一个好人。在当时，经常可以看到这样的场景：范仲淹抱着一堆审理案件的文书与太守据理力争，把太守惹得大发雷霆，而范仲淹却从不屈从。和太守争论后，范仲淹往往将一些争辩内容记录在屏风上，等范仲淹调离时，屏风上已经写满了文字。

入仕十年，范仲淹一直在地方上担任低级官员，但他并没有把视野局限在眼前的琐碎公务中，反而放眼全局，经常观察社会和政治的弊病，思考改革措施，并多次把自己的思考写成文字，向朝廷上书，希望引起当政者的注意。天圣六年（1028 年），和范仲淹有师生之谊的晏殊向朝廷推荐了他，于是范仲淹被任命为秘阁校理，来到京城，在宫廷图书馆负责整理校勘图书。

天圣年间，掌握朝政大权的是垂帘听政的刘太后，年幼的皇帝宋仁宗形同傀儡。眼看宋仁宗已经成年，刘太后仍没有让仁宗亲政的意思，并且越来越专权跋扈。大臣们慑于刘太后的威势，都不敢多言。只有刚当上京官不久的范仲淹，毫不客气地一再上书刘太后，要求她还政给皇帝。

晏殊知道这件事后非常不安。晏殊一向以谨慎圆滑著称，范仲淹又是他亲自推荐的，晏殊很担心连累自己。于是，他把范仲淹叫到面前，指责其言语轻狂、贪图虚名。没想到范仲淹毫不畏缩，说自己"信圣人之书，师古人之行，上诚于君，下诚于民"，既然身为官员，吃着朝廷的俸禄，怎么可以不做为国为民之事？这番话说得大义凛然，最终晏殊惭愧不已，向范仲淹道了歉。而大权在握的刘太后却没有这么宽广的胸襟，范仲淹连上"逆耳忠言"的后果就是被贬官出京，又回到了地方。

不过，苦劝太后归政于皇帝，让范仲淹赢得了宋仁宗的信任与好感，这为他日后在政坛大展拳脚打下了良好的基础。但范仲淹并没有滥用这份情感。相反，任何时候，他做任何事，秉持的原则都是利国利民。刘太后去世后，宋仁宗终于权柄在手。之前多年屈居于刘太后的威权下，仁宗内心有很多不满，因此，亲政后，他便搞起了政治清算。有大臣为逢迎皇帝，借诋毁刘太后来邀功请赏。然而，此时已经还朝的范仲淹却保持了清醒。他并不曲意迎合皇帝，也不记恨太后当年对他的打击，反而为已故的太后辩护说：太后是奉先帝遗旨垂帘听政的，十多年里也扶持和保护过皇帝，不应该听任别人诽谤她。有感于范仲淹的正直、忠义，宋仁宗最后决定放下芥蒂，消弭怨恨，大宋政权由此实现了平稳过渡。

立功

　　范仲淹虽然以正直的品行赢得了宋仁宗的欣赏和信任，但在皇权大于一切的独裁政体下，这样的品行还是很容易惹怒高高在上的皇帝。宋仁宗执政之初，范仲淹在朝中任谏官。谏官负责监督百官、劝谏皇帝。宋仁宗不喜欢当时的皇后郭氏，准备废掉她。但范仲淹认为这会引发政治动荡，坚决反对。宋仁宗很不高兴，于是将范仲淹贬官出京。这已是范仲淹政治生涯中的第二次被贬。

　　几年后，宋仁宗对范仲淹念念不忘，又把他召回京城，委以重任。但专权者总是难以真正接受批评、选贤任能，范仲淹这次仍是没待多久，就又被贬官外放了。原来他与平庸世故的宰相吕夷简不合，因此遭到吕夷简的攻击，说他"结党营私"。这可触及了皇帝的心病，于是，范仲淹又遭遇了政治生涯中的第三次贬谪。

　　不过，无论是在中央，还是在地方，范仲淹为国家和百姓谋福利的心从未改变。在中央，他尽忠直言；在地方，他兴修水利、兴办教育、救济灾民，每到一地，都为当地的发展尽心竭力。因为有卓越的人品和才能，即便宋仁宗屡屡将范仲淹外放，也深知他是可以放心依赖的股肱之臣。

终于，范仲淹迎来了人生的第一个高峰。宋仁宗康定元年（1040年），地处西北的西夏政权向宋朝边疆发动大规模军事进攻。情况十分危急，北宋军队却无力应对。危难时刻，宋仁宗又想到了范仲淹。他任命范仲淹为陕西军政副帅，到西北前线与韩琦、夏竦共同应对西夏进攻。北宋王朝倚重文臣，轻视、不信任武将，故而边防大帅也都由文臣担任。文臣能担当起保家卫国的重任吗？事实证明，范仲淹不辱使命。范仲淹在西夏战场指挥有力、用人得当、措施到位，他从实际出发制定了积极防御的战略，最终扭转了战局，逼得西夏国主元昊不得不罢兵求和。从此，范仲淹成为历史上继诸葛亮、周瑜、陆逊之后又一战功赫赫的儒帅。

打败西夏后，范仲淹在宋仁宗心中的地位又提升了一级。庆历三年（1043年），范仲淹被任命为参知政事（副宰相），至此他迎来了人生的第二个高峰。北宋经历若干朝代，到仁宗时，已经积贫积弱、矛盾丛生。从初涉政坛时，范仲淹就经常观察朝政得失，有进行政治改革的远大抱负。因此，在担任参知政事后，范仲淹积极推动改革，在官员任免、人才选拔、轻徭薄赋等国计民生的各方面都提出了大刀阔斧的改革计划。对此，宋仁宗大力支持，改革于是全面开花，这就是历史上有名的"庆历新政"。但这场改革仅维持了一年零四个月，就以失败而告终。失败的原因在于，改革触动了太多人的既得利益，阻力太大。新政最后以范仲淹等改革派的罢官去职结束，而这已是范仲淹政治生涯第四次被贬。

立言

范仲淹的余生一直在地方上任职，再没回过中央朝廷。为国家殚精竭虑了一辈子，却换来这样的结局，若是一般人，早就哀怨不已。但在范仲淹博大的胸襟中，这些都不足挂怀。

早在第二次被贬任睦州知州时，他就以严子陵的品格砥砺自己。严子陵是东汉光武帝刘秀的同窗和好友。刘秀当上皇帝后，多次征召严子陵出山做官，都被严子陵拒绝。有感于严子陵甘愿隐居富春山的高风亮节，范仲淹到睦州后，在桐庐郡严子陵垂钓过的严陵濑旁修筑钓台和严子陵祠，并作名文《严先生祠堂记》歌颂严子陵："云山苍苍，江水泱泱，先生之风，山高水长！"而在这一时期，他还创作了堪与唐代李绅的悯农诗相媲美的悯渔诗《江上渔者》："江上往来人，但爱鲈鱼美。君看一叶舟，出没风波里。"

事实上，在人生的各个阶段，范仲淹都有精彩的诗文记录自己的所思所想，抒发自己的情感抱负。担任西北边防大帅时，他写下著名词作《渔家傲·秋思》：

塞下秋来风景异，衡阳雁去无留意。四面边声连角起。千嶂里，长烟落日孤城闭。

浊酒一杯家万里，燕然未勒归无计。羌管悠悠霜满地。人不寐，将军白发征夫泪。

这首词可以说开北宋豪放词之先河，对苏轼、辛弃疾都影响颇大。

"庆历新政"失败后，范仲淹也有失望之感，但更多的仍是对国家、人民的担忧，这在他的名篇《岳阳楼记》中展现得淋漓尽致。庆历六年（1046 年），范仲淹任邓州知州时，应老朋友滕子京的请求，为他创作《岳阳楼记》。文章开篇就交代了写作缘由："庆历四年春，滕子京谪守巴陵郡。越明年，政通人和，百废具兴。乃重修岳阳楼，增其旧制，刻唐贤今人诗赋于其上，属予作文以记之。"而在文章结尾，范仲淹更是以振聋发聩之声，高扬先忧后乐的精神旗帜："不以物喜，不以己悲；居庙堂之高则忧其民，处江湖之远则忧其君。

是进亦忧，退亦忧。然则何时而乐耶？其必曰'先天下之忧而忧，后天下之乐而乐'乎。"因为境界高远不凡，此文也被称为"中国古代知识分子精神境界的最高写照"。

儒家将"立德、立功、立言"称为"三不朽"，认为这三件事做到其一，便足以名垂千古。纵观范仲淹一生，立德、立功、立言，无一没有做到极致，称其完人，亦不为过。"文正"是古代文人去世后能得到的最尊荣的谥号，范仲淹的谥号便是"文正"。正直，有文才，又不止于文才，范文正公，永垂不朽。

岳飞：未能踏破的贺兰山缺，却化作永垂的丰碑

岳飞用一生将正直、勇敢、仁义、忠诚、爱国做到了极致。如果说有些人的死重于泰山，有些人的生轻于鸿毛。毫无疑问，岳飞就是前者。

怒发冲冠，凭栏处、潇潇雨歇。抬望眼、仰天长啸，壮怀激烈。三十功名尘与土，八千里路云和月。莫等闲、白了少年头，空悲切。

靖康耻，犹未雪。臣子恨，何时灭。驾长车，踏破贺兰山缺。壮志饥餐胡虏肉，笑谈渴饮匈奴血。待从头、收拾旧山河，朝天阙。

这首《满江红·写怀》是抗金杰出将领岳飞的爱国名篇。写这首词时，岳飞34岁，在抗金北伐的战争中节节取胜，大有收复中原之势。然而，毫无复国意志的宋高宗赵构，却在此时釜底抽薪，不发粮饷，不增

援兵，使岳飞孤军无援，导致第二次北伐功败垂成。

岳飞悲愤难抑，写下慷慨悲壮的《满江红》倾吐积郁。五年后，一代英雄冤死狱中，留给后人的，只有未竟的功业和充塞天地的浩然正气。

少年英雄

宋徽宗崇宁二年（1103 年）二月十五日，岳飞出身于河南汤阴一个普通农家。据说他出生时，有一只大鸟飞临岳家屋顶，岳飞父母觉得这是个吉兆，于是给儿子起名为"飞"，后取字"鹏举"。岳飞后来果然一鸣惊人，没有辜负父母的期望。

古时汤阴属于燕赵文化圈，盛产慷慨悲歌之士。岳飞从小不爱说话，但一开口必直奔主题，直击要害，这种单纯、正直，乃至坚定、要强的性格，便有燕赵之风。因为出身于农家，没条件读书习文，岳飞年少时只上过几年农村在冬闲时开办的季节性学校——冬学，接受过最简单的启蒙教育。然而他天资聪颖，悟性极高，很快就将《百家姓》《千字文》等记得烂熟，还喜欢读《左氏春秋》和"孙吴兵法"。从军后，岳飞也没有停止对文化知识的学习，跟着手下文士掌握了基本的儒家经典及作文、写诗、填词的技能，还勤练书法，学会了"苏（轼）体"。

尽管吃着粗茶淡饭长大，岳飞却有出众的身体素质，20岁即能挽弓三百斤，用腰部开弩八石，远超皇帝遴选侍卫的标准。他跟随当地有名的射手周侗学习射箭，很快就能左右开弓，百发百中。他还掌握了精湛的马术，能在马上舞枪弄棒。岳飞曾在相州韩府当佃户，有一天，一伙盗匪围住韩家的庄园，准备实施抢劫。危急中，是岳飞飞身上墙，一箭射穿匪首咽喉，解了韩家之围。从此，岳飞成为远近闻名的少年英雄。

精忠报国

岳飞从小就爱听关羽、张飞的故事，一心想成为文武双全的大将。20岁和22岁时，他两度应征入伍，很快当上低级武官。当时，宋朝正在"联金灭辽"。然而，这是一场失策的战争。宋金合力消灭辽国后，宋金之间再无屏障。而在这场战争中，金国摸清了宋朝军队软弱无能的现实，于灭辽当年冬季，发动了南下侵宋的战争。靖康元年（1126年），金军攻破宋朝首都汴梁，掳走徽、钦二帝，次年北宋灭亡，史称"靖康之变"。之后，宋徽宗第九子赵构登基，建立南宋，定都杭州，这就是宋高宗。

金军占领中原后，岳飞的家乡汤阴也沦落敌手。在带着父母妻儿逃亡的路上，岳飞目睹了金军烧杀抢掠的种种暴行，心中燃起熊熊怒火，爱国情怀也不断激长。他深知抵抗才有出路，才能保全家国，实现自己的梦想。于是，他请母亲在自己后背刺下"尽忠报国"四个大字，挥泪告别家人，投入了抗金复国的战场。

岳飞先后追随刘浩、张所、宗泽等抗金名将，屡立战功，因英勇无畏，赢得"敢死"的美名，短短几年间，就组建起一支威震四方的队伍，俗称"岳家军"。岳家军起初只有几百人，后来增加到一万多人，再后来扩充到十万人。当时，岳飞和韩世忠、刘光世、张俊并称"中兴四将"，是南宋的抗金主力。其中，岳飞的军队是这几支队伍中实力最强、最具进攻性的部队，让金军闻风丧胆，甚至一度流传出"撼山易，撼岳家军难"的说法。

岳家军威

岳飞是怎样将岳家军锻造成钢铁部队的呢？

首先，身为主帅，岳飞身先士卒，与战士们同甘共苦。平日里，岳飞与战士们一同吃饭，一同露宿，不搞任何特殊；战士们生病、受伤时，岳飞亲自慰问，亲手调药，爱兵如子；作战时，岳飞不像其他将帅一样安坐后方，而是举着大旗冲在最前面，冒着箭雨去和敌人厮杀。岳飞的幕僚常劝他爱惜自己，但他不改旧习，依然如此。

等到取得胜利、论功行赏时，岳飞总是把功劳让给部下，只字不提自己的战功，更不为亲人谋私利。岳飞的长子岳云每次都冲在最前面，战功赫赫，然而当朝廷为他升职时，岳飞却毫不犹豫地谢绝了，不让儿子贪图功劳。主帅如此，战士们怎能不深受鼓舞、奋勇杀敌？

岳飞爱护百姓，军纪严明，让岳家军成为人民的军队。在抗金队伍中，有些部队意志涣散、军纪废弛、缺衣少食时，会去骚扰百姓，造成了恶劣的影响。对此，岳飞严令军队秋毫无犯，违者将严惩不贷。因为"冻死不拆屋，饿死不卤掠"，岳家军受到百姓热烈的拥护。

岳飞还以身作则，艰苦朴素，赢得了上下的尊敬。岳飞一生不贪财，不好色，吃穿用度皆很俭朴。有一次，岳夫人穿了件丝绸材质的衣服，岳飞看到后，认为国难当头，将帅及其家人更应该带头俭省，对她进行了批评。从此，岳夫人再没有穿过它。

怒发冲冠

因为岳飞做出了无私无畏的表率，岳家军气贯长虹，在抗击金人的战斗中多次以少胜多，取得了辉煌战果。从绍兴三年（1133年）到绍兴十年（1140年），岳家军先后进行了四次北伐，收复了中原大部分失地。第四次北伐时，岳家军一口气打到离汴梁只有四十五里的朱仙镇，距光复东京只有一步之遥。然而，这四十五里的距离，却成为岳飞永难跨越的鸿沟。

在岳飞心中，驱除金人、收复河山，之后功成身退，便是自己唯一的梦想。然而，在偏安江南的宋高宗看来，谨守祖宗家法，严防武将坐大，却更加性命攸关。更何况高宗在战争逃亡的过程中，早就被金人吓破了胆，只要金人以"和议"诱之，他便盲目地答应。

因为坚决反对"和议"，岳飞与高宗发生了多次激烈的冲突，令高宗对他心生不满。第四次北伐，岳家军孤军深入，艰苦卓绝，取得了前所未有的战果，"直捣黄龙"近在眼前。然而在金人的施压下，高宗却连下十二道金牌，强令岳飞班师，放弃了已经到手的胜利果实。

后来的故事，人们都知道——为了解除武将权力，扫除"和议"障碍，在宋高宗的授意下，秦桧以"莫须有"的罪名将岳飞杀害，还将他的爱子岳云和爱将张宪一同处死，将他的家人、部属流放边荒。岳飞死前，供状上只有八个字："天日昭昭！天日昭昭！"

不朽壮词

岳飞用一生将正直、勇敢、仁义、忠诚、爱国做到了极致。如果说有些人的死重于泰山，有些人的生轻于鸿毛。毫无疑问，岳飞就是前者。岳飞不光为国家建立了不朽功业，他天赋异禀的诗文才华，也为他在青史上留下了浓墨重彩的一笔。

除了妇孺皆知的《满江红·写怀》，岳飞传世的诗文佳作还有数篇，而这些作品，几乎都与抗金大业有关。绍兴三年（1133年），岳飞在鄂州（今湖北武昌）登上黄鹤楼，曾作过另一首《满江红》：

遥望中原，荒烟外，许多城郭。想当年、花遮柳护，凤楼龙阁。万岁山前珠翠绕，蓬壶殿里笙歌作。到而今、铁骑满郊畿，风尘恶。

兵安在，膏锋锷。民安在，填沟壑。叹江山如故，千村寥落。何日请缨提锐旅，一鞭直渡清河洛。却归来、再续汉阳游，骑黄鹤。

这首词全名为《满江红·登黄鹤楼有感》。它虽然不像《满江红·写怀》那样广为人知，却流露出强烈的自信和希冀，忧国忧民的理想壮志始终如一。填这首词时，第一次北伐正在进行中，31 岁的岳飞对重整河山踌躇满志。

绍兴十一年（1141 年）秋，岳飞还创作了另一首著名词作《小重山·昨夜寒蛩不住鸣》：

昨夜寒蛩不住鸣。惊回千里梦，已三更。起来独自绕阶行。人悄悄，帘外月胧明。

白首为功名。旧山松竹老，阻归程。欲将心事付瑶琴。知音少，弦断有谁听？

写这首词时，宋高宗和秦桧正在积极推动"和议"，制定阴谋想要杀害岳飞。岳飞此时已被罢免官职，然而当他上书请求解甲归田时，宋高宗却坚决不同意。空怀报国之心却报国无门，岳飞进退两难，心灰意冷。凄清的秋夜，蟋蟀不住地叫着，他心事重重，夜不能寐，起床徘徊于庭院，于是创作了这首基调苍凉、婉转幽曲的词作。

几个月后，岳飞冤死于狱，终年39岁。一代英雄，赍志而殁。他没能驾长车踏破贺兰山缺，却化为丰碑，和他的不朽词作一起，永远伫立在人们心中。

在那个以贪懦庸碌为主流的时代，一个人的奋发图强，大概率会以失败而告终。辛弃疾没能实现自己的梦想，但他以坚韧爱国为底色的生命，却照亮了万古长空。

辛弃疾：庸碌的时代配不上他，忍辱负重的半世图谋真英雄

辛弃疾是历史上少有的文武全才。如果要列一个榜单，评选既有出众文才又有英雄气概的历史人物，辛弃疾大概率会名列前茅。

锦襜突骑渡江初

宋高宗绍兴十年（金熙宗天眷三年）五月十一日（1140年5月28日），辛弃疾出生于被金人占领的山东济南。辛弃疾的祖父名叫辛赞，在金人的统治下做过县令、知府等官职。虽然无奈屈身仕金，但辛赞是一位不忘故国，随时准备为收复失地尽忠竭力的爱国志士。在辛弃疾年幼时，辛赞经常带着孙子登高望远，指画山河。爷爷的爱国主义精神深深影响了辛弃疾，为他日后树立远大报国志向奠定了基础。

辛弃疾聪明好学，12岁时拜刘瞻为师，广泛学习儒家经典，并习诗作文，接受了良好的儒家传统思想教育。他博闻强识，不只对儒家经典刻苦钻研，还广泛阅读各种书籍，尤其对兵家韬略之书表现出浓厚的兴趣，喜欢结交懂兵法的人。一位名叫义端的僧人偏爱谈论兵法，辛弃疾因此常和他来往。辛弃疾还在作词上下过一番苦功，向金代文坛享有盛誉的词作家蔡松年学习，并逐渐形成了自己的风格。

14岁那年，辛弃疾乡试中举，15岁和18岁时曾两次赴燕京参加进士考试，虽然都未考中，但他却利用这两次赴考的机会，留心观察燕京形势，尽力搜集金人的政治、军事信息，为未来大计积极筹划。

机会终于降临。绍兴三十一年（1161年），金主完颜亮大举发动侵宋战争。因为难以忍受战争加剧的繁重赋役，中原地区的人民揭竿起义，反抗金朝的残酷统治。在这些起义队伍中，就有辛弃疾的重要一支。辛弃疾先是拉起了一支义军，接着又投靠活跃在山东的另一支更大的农民起义军——耿京的队伍，在耿京手下担任掌书记一职。

辛弃疾深谋远虑，劝服耿京归附南宋，共图恢复中原的大业。耿京于是派辛弃疾等数人先行赶往建康（今江苏南京），投奔南宋朝廷。耿京与辛弃疾的归化令宋高宗十分高兴，当即对他们进行了封赏。然而，就在辛弃疾等人赶回山东向耿京复命的路上，他们接到了一个不幸的消息：耿京已被手下叛将张安国出卖并杀害。

事变来得猝不及防，义愤填膺的辛弃疾和同伴商量后当机立断，决定乘敌不备轻骑突袭，直趋金营，生擒张安国，为耿京报仇。这天晚上，辛弃疾带了五十个骑兵，冲进有五万人之多的金营，活捉了张安国，并将其押送至南宋首都临安（今浙江杭州），交给朝廷，斩首示众。

这场劫营壮举让南宋朝野为之震动。这一年，辛弃疾23岁。多年后，辛弃疾回忆青年时这件英雄往事，依然感慨不已，他写下《鹧鸪天·有客慨然谈功名因追念少年时事戏作》回顾自己的戎马生涯：

壮岁旌旗拥万夫，锦襜突骑渡江初。燕兵夜娖银胡缨，汉箭朝飞金仆姑。

追往事，叹今吾，春风不染白髭须。却将万字平戎策，换得东家种树书。

这首词的上阕描写的就是辛弃疾突袭金营，勇擒张安国的真实情景。

红巾翠袖英雄泪

虽然南归时，辛弃疾因义勇之举大受赞誉，然而在南宋初期主战派与主和派激烈斗争的大政治环境中，他却没有被即刻重用。从 23 岁到 36 岁这十四年，辛弃疾一直在低级官员的职位上徘徊，只做过签判、通判等小官。

他当然不甘心沉沦下僚，更不甘心空怀报国之志却报国无门。因此，他利用一切机会向主政者陈述自己的恢复方略。在广德军通判任上，他把自己多年来对恢复大业的思考写在《美芹十论》中，不顾自己人微言轻，冒险越职献给宋孝宗。这篇充分运用兵家思想，凝聚着辛弃疾心血的文章，果然引起了有一定恢复之志的宋孝宗的注意。乾道四年（1168 年），辛弃疾被派往南宋的战略要地建康任通判。

然而，辛弃疾在建康任职三年，却没有太大建树。不是他无所作为，而是宋代官场习惯因循守旧，主和的思想在官僚集团上下盛行。尽管辛弃疾胸怀壮志，但他面对整架官僚机器的陈陈相因，也时常感觉无力，只能任由时光蹉跎。这令他无比颓丧，于是在一次登高远眺散心时，写下《水龙吟·登建康赏心亭》，倾吐积郁：

　　楚天千里清秋，水随天去秋无际。遥岑远目，献愁供恨，玉簪螺髻。落日楼头，断鸿声里，江南游子。把吴钩看了，栏杆拍遍，无人会，登临意。
　　休说鲈鱼堪脍，尽西风，季鹰归未？求田问舍，怕应羞见，刘郎才气。可惜流年，忧愁风雨，树犹如此！倩何人唤取，红巾翠袖，揾英雄泪！

　　辛弃疾曾做过几任地方长官。在地方上，他一面努力重建被战乱破坏的地方经济，一面为北伐复国积极筹备。比如，在湖南安抚使任上，他招来步军两千人，马军五百人，扎营垒，买战马，修铁甲，亲手打造了一支地方武装飞虎军。飞虎军平时用来防贼治盗，战时即可作为机动部队，为抗金复国出师备战。

辛弃疾还大力结交和他一样有抗金复国理想的爱国志士,并因此认识了陆游、陈亮、朱熹等有气节的正直士大夫。其中,陈亮和辛弃疾意气最为相投。陈亮,字同甫,也是一位才华横溢的爱国词人。两人早年在临安相识,一见如故,成为莫逆之交。淳熙十五年（1188年）冬,辛弃疾屏居带湖时,两人曾相约同游鹅湖,史称"鹅湖之会"。这次相会,二人不仅在复国方略上相谈甚欢,而且在诗词上也互相切磋,留下了多首佳作。辛弃疾著名的《破阵子·为陈同甫赋壮词以寄之》便是这次会谈的唱和作品之一:

醉里挑灯看剑,梦回吹角连营。八百里分麾下炙,五十弦翻塞外声。沙场秋点兵。

马作的卢飞快,弓如霹雳弦惊。了却君王天下事,赢得生前身后名。可怜白发生!

然而,即便这样心心念念为国谋划,辛弃疾还是遭到了那些保守官僚的攻击。比如,辛弃疾成立飞虎军就遭到他们的奋力阻挠,还诬陷他借成立武装部队聚敛钱财。

就这样,辛弃疾一生在政坛几起几落。每当朝廷需要他的才干时，便任用他一阵子，而每当辛弃疾踌躇满志打算大干一场时，他又往往因为奋发有为的施政作风与官场苟安风气不和而大受抨击，被以各种罪名罢职。

却道天凉好个秋

　　淳熙七年（1180年），辛弃疾任隆兴府（今江西南昌）知府兼江西安抚使时，已经意识到自己"刚拙自信"，"不为众人所容"，便打算在上饶带湖修建一座庄园，以作隐居避祸之所。他根据带湖周围的地形，亲自设计了"高处建舍，低处辟田"的庄园格局，并对家人说："人生在勤，当以力田为先。"（人生重要的是勤劳，要把努力耕耘放在第一位。）因此，他把带湖庄园取名为"稼轩"，并给自己取号"稼轩居士"。这一年，辛弃疾41岁。一年后，他被朝廷罢黜，不出意料又无可奈何地过上了耕稼生活。

　　带湖山水秀美，辛弃疾徜徉在青山绿水间，享受着家人团聚的天伦之乐，不能不算惬意。然而，作为一位心怀家国，时时不忘恢复大业的有理想的士大夫，这样的悠闲自得，又在时时提醒他时光流逝的残酷，不能不令他愁肠百结。辛弃疾有一首著名的小令《丑奴儿·书博山道中壁》：

少年不识愁滋味，爱上层楼。爱上层楼，为赋新词强说愁。

而今识尽愁滋味，欲说还休。欲说还休，却道天凉好个秋。

把一位豪情满怀的英雄冷落在乡间，任他消磨壮志，这大概是世界上最残忍的事情之一吧。故而他的愁想说说不尽，想吐吐不出，只能化成一句苍凉的"却道天凉好个秋"。

辛弃疾在上饶乡间闲居二十余年，从中年慢慢步入衰暮之年，其间有过短暂的复出，但很快又被罢免。直到嘉泰三年（1203年），主张北伐的韩侂胄起用主战派人士，辛弃疾被任命为绍兴府知府兼浙东安抚使，次年改任镇江府知府。此时的辛弃疾已经是64岁的年迈老人，但听到"北伐"二字，他还是精神为之一振。在镇江府任上，他登临北固亭，凭高望远，抚今追昔，写下感慨深沉的千古名作《永遇乐·京口北固亭怀古》，表达了老当益壮的坚韧精神：

千古江山，英雄无觅，孙仲谋处。舞榭歌台，风流总被，雨打风吹去。斜阳草树，寻常巷陌，人道寄奴曾住。想当年，金戈铁马，气吞万里如虎。

元嘉草草，封狼居胥，赢得仓皇北顾。四十三年，望中犹记，烽火扬州路。可堪回首，佛狸祠下，一片神鸦社鼓。凭谁问：廉颇老矣，尚能饭否？

只是很可惜，辛弃疾甚至还没有来得及有所作为，很快就因一点小错被罢了官。而志大才疏的韩侂胄由于备战潦草，在接下来的北伐中一触即溃，兵败被杀。辛弃疾一生的理想和愿望至此彻底破灭。

开禧三年（1207年）秋，辛弃疾带着无尽的遗憾和愤慨，结束了悲剧的一生。他的悲剧，是个人的悲剧，也是时代的悲剧。在那个以贪懦庸碌为主流的时代，一个人的奋发图强，大概率会以失败而告终。辛弃疾没能实现自己的梦想，但他以坚韧爱国为底色的生命，却照亮了万古长空。失败的英雄，依然是英雄！

陆游：
北伐虽未成功，但爱国的热情永远值得铭记

"陆游的爱国性很突出，陆游不是为个人而忧伤，他忧的是国家、民族，他是个有骨气的爱国诗人。"这是周恩来总理对陆游的评价。

陆游是中国历史上最高产的诗人之一，一生留下近万首诗作，堪称诗人中的第一人。而他最为人称道的，不只是诗的数量多，还在于他的诗饱含爱国主义激情。这些爱国诗篇占据了他诗歌总数的三分之二。可以说，陆游的诗作最大的主题即是爱国。

少年志欲扫胡尘

陆游一出生就与家国命运紧密相连。宋徽宗宣和七年十月十七日（1125年11月13日），陆游出生在淮河岸边的一条小船上。这天风狂雨暴，一如即将到来的动荡的时代——一个月后，金兵南下，敲响了侵宋的战鼓，很快，靖康之难发生，北宋灭亡。

对于爱国的仁人志士来说，靖康之难是奇耻大辱，抗金救国是唯一的选择。陆游的父亲陆宰便是这样的爱国者。在国难发生时，陆宰奋战在抗金战场，为前线舍生忘死输送粮饷，不料却遭到卖国贼徐秉哲的陷害，被罢职还家。然而，陆宰并未因此忘怀国忧，他居乡期间，每次和朋友们论及金人进犯、国家危难时，都忍不住痛哭流涕，连饭也吃不下去。这种爱国主义情操，耳濡目染地影响了陆游。

陆氏是书香门第，陆游的父亲陆宰不仅喜欢读书，还是位藏书家，家中藏书超过万卷。陆游从学说话时起就痴迷读书，7岁时就能按照命题写出不错的诗文。陆游年少时追随的师长——傅崧卿、李光等人，也都是严正端方之士，疾恶如仇，报国无悔。在这些师长中，对陆游影响最大的是曾几。曾几是"江西诗派"的大家，人品、学问、诗文水平俱佳，也是坚定的抗金派。跟着曾几，陆游不仅学习了作诗的重要技巧，而且深受老师爱国情怀的感染。

在这样的环境中长大，陆游自然而然把抗金复国作为自己的志向。"少年志欲扫胡尘""少年壮气吞残虏"，是他从小就植根于心底的信仰。

位卑未敢忘忧国

科举是古代读书人生命中的大事，陆游的科举之路，也因为他的爱国而屡遭坎坷。陆游素来以诗文才华著称，甚至有"小李白"的美名，科举考试对他来说并不是难事。然而，从16岁起，陆游参加了三次科举考试，都以失败告终，原因无他，正因为他喜欢谈论抗金复国，于是遭到奸相秦桧的嫉恨。

第三次参加科举考试时，在锁厅试和礼部试中，陆游两场都取得了第一名的优异成绩。但当考官把拟好的录取名单呈给秦桧时，秦桧勃然大怒。秦桧不仅痛恨陆游"喜谈恢复"，还因为自己的孙子秦埙此年也参加科考，他想让秦埙当第一。于是，有官员为了迎合秦桧，最终把秦埙列为第一，把陆游排挤到了最后一名。

陆游的噩运直到秦桧去世后才有所改观。宋高宗绍兴二十八年（1158年），在老师曾几的推荐下，陆游当上了小小的宁德县（今宁德市）主簿，此时他已经34岁，在官场是一名不折不扣的大龄青年。陆游在朝廷的基层岗位上干了三年，一直都是芝麻小官。不过，陆游并不在乎自己官位的高低，他满心期待的是什么时候才能为国家收复中原出份力。

机会终于来了。绍兴三十一年（1161 年），陆游 37 岁，这年金主完颜亮南下侵宋。宋高宗是个软骨头，一听金人进犯就吓得魂不附体，立马拔腿想跑，他甚至为了方便逃跑，特地修了一条一丈五尺多宽的大马路。然而，陆游是个硬骨头。他看到皇帝有逃跑的念头，立马上表阻止，还苦口婆心劝皇帝御驾亲征。他甚至在觐见皇帝时声泪俱下，把眼泪都溅到了龙床上，这就是后来他在诗里写的："泪溅龙床请北征。"

在主战派人士的坚持下，皇帝勉强答应不逃跑，不过，陆游"泪溅龙床请北征"的大胆举动，还是惹恼了皇帝。最终，陆游被罢官，只能回山阴老家赋闲。多年以后，陆游写过一首著名的《病起书怀》：

病骨支离纱帽宽，孤臣万里客江干。
位卑未敢忘忧国，事定犹须待阖棺。
天地神灵扶庙社，京华父老望和銮。
出师一表通今古，夜半挑灯更细看。

哪怕官职卑微，也不改忧国之心，这就是陆游坚定不移的志向。

贺我今年号放翁

泪溅龙床被罢官这样的事，在陆游的仕宦生涯中不止发生过一次。可以说，他的人生是在被起用和被贬官、罢免的反复摇摆中一点点蹉跎掉的。

宋高宗禅位给宋孝宗后，孝宗有一定恢复之志，对力主抗金的陆游有所关注，并且颇欣赏他的文才，命他为太上皇修史。然而陆游刚干了不久，就被孝宗贬出了京。什么原因呢？原来宋孝宗当上皇帝后，宠信自己做太子时的两个门客，曾觌和龙大渊。这两个人利用皇帝的偏爱，在朝廷结党营私、招权纳贿，引起了陆游的担忧。陆游提醒辅政大臣注意这两个人，结果这些话不小心传到了孝宗耳朵里。孝宗勃然大怒，就把陆游贬官外放了。

之后，陆游的仕途一直起起伏伏，干不了几年便被罢免一次，罢官于他几乎成了家常便饭。乾道二年(1166年)，陆游因为积极主战、"力说张浚用兵"被罢免，退居山阴。淳熙三年(1176年)，朝廷任命陆游做嘉州知州，还没到任，就被人攻击说"燕饮颓放"（聚会饮酒，消沉放纵），被罢免。陆游有没有"燕饮颓放"呢？这种情况是有的，但事出有因。原来，陆游报国的理想一再落空，报国的热情一再遇冷，失望之下，他不得不借酒浇愁，以痛饮狂歌的颓放姿态消解内心的积郁。因此，当陆游因"燕饮颓放"被解职后，作为还击，他索性给自己取号"放翁"，在诗中写道："门前剥啄谁相觅，贺我今年号放翁。"

淳熙七年（1180年），陆游被任命为提举淮南东路常平茶盐公事，还没上任，又遭赵汝愚弹劾，而他被弹劾的罪状仍是"不知检点"。淳熙十六年（1189年），陆游宦海浮沉多年，好不容易升任礼部郎中兼膳部检察，结果刚升职半年，又遭小人攻击。这次攻击他的理由变成了他的诗"专嘲风月"。可怜陆游做了大半辈子诗人，诗歌恨不得篇篇高举抗金复国的义旗，却被人诬为"专嘲风月"，这是多么大的笑话！于是，陆游一不做、二不休，干脆把自己的书斋命名为"风月轩"，以示抗议。当然，这次受诬，仍是以陆游被罢官而告终。

这次被罢之后，陆游在山阴一隐就是十三年，除了在78岁高龄时被短暂地起用过一段时间外，他再没有被委以重任。甚至在去世的前一年，他还因为和主战派人物韩侂胄有过交往而再次落职，连领取一半退休金的待遇都被剥夺了。

陆游被罢免的理由都很冠冕堂皇，但其实他真正的"罪状"不是别的，而是他时刻不忘抗金复国，抓住一切机会鼓动北伐，引起了投降派们的反感，因此屡屡遭谤。

铁马秋风大散关

如果单看功业，陆游一生苦苦挣扎，却没有实现自己抗金复国的理想，他的人生无疑是失败的。然而从超越功利的角度来看，陆游高举理想主义旗帜，矢志不渝，毕生为之奋斗不息，他的人生又意义非凡。

陆游的人生也有过充满希望的高光时刻，便是他在南郑短暂的军旅生涯。乾道五年（1169年），宋孝宗终于动了一点北伐中原的念头，朝廷中主战派隐隐有了上升的希望，这让时刻关注国家形势的陆游振奋不已。这年，四川路这一重镇换上了一位新的军政长官王炎，他正是一位积极谋求恢复的主战派人士。王炎来到四川后，便开始招募抗金志士，以筹划北伐，他问陆游愿不愿意加入自己的幕府。陆游一听到"北伐"二字，激动万分，毫不犹豫地就答应了。然而这时朝廷对陆游另有安排，因此陆游直到三年后才找到机会投身王炎幕下。

王炎出于北伐的战略考虑，把幕府设在抗金前线南郑（今陕西汉中）。在南郑，陆游度过了人生中最奇崛的一段戎马时光。这年陆游已经 48 岁了，然而他一想到多年夙愿即将实现，便一扫失意的迟暮之感，甚至觉得自己都变年轻了，夸耀说："西戍梁州鬓未丝。"当他披甲执戈，跨上战马时，他觉得自己简直像个小伙子："忆昔西征日，飞腾尚少年。"

　　陆游和将士们同吃同住，还多次亲自参加军事行动，曾在大雪之夜突破金军防线前往关中和当地的抗金义军联络。陆游在执行巡查任务时到过宋金边防的重要门户大散关。在关下，他们碰到一支金人军队，还打过一场小规模的遭遇战。而军中闲暇时，陆游会和将士们一起喝酒、打猎。在追捕猎物的过程中，陆游甚至打死过几只老虎。陆游之所以这么勇猛，是因为他幼时不只学习文化知识，还练剑骑马，拥有良好的身体素质。他射箭水平高超，曾一箭中的，引得军中之人连连喝彩。

　　军旅生活其实是很艰苦的，夏日溽热，冬天酷寒，还随时可能丢掉性命，自古以来，人们都不愿意从军。然而，陆游在军中却前所未有地感到快乐满足，甚至由衷发出"从军乐事世间无"的感慨。多年后，他还在著名的《书愤》诗里回味这段军旅生活：

早岁那知世事艰，中原北望气如山。
楼船夜雪瓜洲渡，铁马秋风大散关。
塞上长城空自许，镜中衰鬓已先斑。
出师一表真名世，千载谁堪伯仲间！

这是他离理想最近的时光！

铁马冰河入梦来

南郑的从军岁月虽然美好，但只持续了不到一年。随着朝中主和派又占上风，抗金北伐的脚步又停了下来，王炎的幕府被解散，陆游充满激情和斗志的军旅生涯也永远结束了。

余生，陆游再也没有遇到实现抗金复国理想的机会。他甚至因为给权贵韩侂胄家的庄园写过两篇记文，就被认为投靠奸佞，"晚节不保"。但其实，陆游给韩侂胄写记文，并没有巴结他的意思，反而有劝他早日抽身退步的规箴之意。而且，韩侂胄也是积极推动北伐的主战派人物，虽然他志大才疏，并因为准备不充分贸然行动兵败被杀，但北伐毕竟是统一祖国的正义之战，对此，陆游仍是抱着支持态度的。

绍熙三年（1192年），陆游已经是一位68岁的老人。他谪居于山阴老家，已经很难再有所作为。但他并没有放下对国家的关心和热爱，心心念念的仍是北伐。这年冬，他创作了著名诗歌《十一月四日风雨大作·其二》：

僵卧孤村不自哀，尚思为国戍轮台。
夜阑卧听风吹雨，铁马冰河入梦来。

在这首诗里，他没有抱怨，没有自怜，有的只是对国家统一的牵挂。

嘉定二年（1209年），陆游85岁。这年秋天，他的膈上突然得了病，入冬以后病势加重。除夕之夜，预感到自己将不久于人世，陆游把儿孙都召集到身边，却无一字交代家事，只留下一首绝笔诗嘱托儿孙：

死去元知万事空，但悲不见九州同。
王师北定中原日，家祭无忘告乃翁。

这首诗就是爱国主义名篇《示儿》。写完此诗后，一代诗人溘然长逝，带着没能实现北伐胜利的遗憾告别人间。

　　陆游是一位真正把爱国主义精神贯彻始终的诗人。"陆游的爱国性很突出，陆游不是为个人而忧伤，他忧的是国家、民族，他是个有骨气的爱国诗人。"这是周恩来总理对陆游的评价。梁启超先生也盛赞陆游："诗界千年靡靡风，兵魂销尽国魂空。集中什九从军乐，亘古男儿一放翁。"如果说文学的境界有高有低，爱国、忧民、忘怀一己得失的文学，显然更接近不朽。